VIDAS
INTEIRAS

Este livro foi realizado com recursos da Lei Municipal de Incentivo
à cultura de Belo Horizonte. Projeto - FPC nº 0451/2021.

Márcia Maria Cruz
Gabriel Araújo
Vinicius Luiz

VIDAS INTEIRAS

HISTÓRIAS DOS 10 ANOS DA LEI DE COTAS

Vidas Inteiras – histórias dos 10 anos da Lei de Cotas ©
Márcia Maria Cruz, Gabriel Araújo e Vinicius Luiz, 10/2023
Edição © Crivo Editorial, 10/2023

Edição e Revisão: Roberto Cezar
Capa: Luís Otávio Ferreira
Projeto gráfico e diagramação: Lila Bittencourt
Coordenação Editorial: Lucas Maroca de Castro

Dados Internacionais de Catalogação na Publicação (CIP) de acordo com ISBD

C957v   Cruz, Márcia Maria Cruz.
          Vidas inteiras [manuscrito]: histórias dos 10 anos da Lei de Cotas/ Márcia Maria Cruz; Gabriel Araújo; Vinicius Luiz. – Belo Horizonte : Crivo, 2023.
          200 p.: 14cmx21 cm.

          ISBN: 978-65-89032-60-1

1. Programas de ação afirmativas. 2. Universidades e faculdades públicas. 3. Negros - Educação. 4. Inclusão social – Brasil. I. Araújo, Gabriel. II.Luiz, Vinicius. III. Título.

                                         CDD 370.981
                                         CDU 37(81)

Elaborado por Alessandra Oliveira Pereira CRB-6/2616

Índice para catálogo sistemático:
1. Ensino: Brasil.   CDD 370.981
2. Educação: Brasil.   CDU 37(81)

Crivo Editorial
Rua Fernandes Tourinho, 602, sala 502
30.112-000 - Funcionários - Belo Horizonte - MG

🌐 www.crivoeditorial.com.br
✉ contato@crivoeditorial.com.br
📘 facebook.com/crivoeditorial
📷 instagram.com/crivoeditorial
🌐 crivo-editorial.lojaintegrada.com.br

"Sim, eu trago o fogo,
O outro,
aquele que me faz,
e que molda a dura pena de minha escrita"

Conceição Evaristo

"Gerações de pessoas negras sabem o que significa ver a educação como prática da liberdade. Embora eu hoje diga estas palavras — que entraram primeiro na minha consciência por meio do trabalho do educador brasileiro Paulo Freire, companheiro e professor —, o significado delas sempre esteve na minha vida, na minha experiência."

bell hooks

SUMÁRIO

09 Introdução

17 **Capítulo 1**
Um militante, a primeira proposta
e o início da Lei de Cotas no Brasil

29 **Capítulo 2**
A experiência pioneira da universidade
idealizada por Darcy Ribeiro

39 **Capítulo 3**
Os primeiros passos das cotas
no Rio de Janeiro

51 **Capítulo 4**
O canto de Oxóssi: a revolução na Bahia

65 **Capítulo 5**
Teias de Ananse:
as ações afirmativas no Pará

79 **Capítulo 6**
A implantação das cotas
na maior universidade do Brasil

87 **Capítulo 7**
O empretecimento da maior
universidade de Minas Gerais

99 **Capítulo 8**
Duas histórias do Sul do país

113 **Capítulo 9**
A heteroidentificação: quem tem direito às cotas?

125 **Capítulo 10**
Lei de Cotas – dez anos e além

139 **Epílogo**
A sessão na Câmara dos Deputados para votação da revisão

143 **Agradecimentos**

145 **Quem são os autores?**

INTRODUÇÃO

A escravidão legou ao Brasil uma ferida difícil de ser cicatrizada. A partir de meados do século XVI, pessoas negras escravizadas começaram a aportar aos milhares na chamada Costa do Descobrimento, na Bahia, e décadas depois no porto do Valongo, no Rio de Janeiro. Eram trazidas forçosamente para alimentar o sistema econômico da maior colônia portuguesa, baseado todo ele na exploração de mão de obra escrava.

Vinham do Senegal, de Angola, do Congo, da Costa da Mina e do golfo do Benim. Eram dos povos jejes, nagôs (iorubás), tapas (nupés), hausssás e sudaneses. Aqui, perdiam sua humanidade. Uma das primeiras providências dos senhores ao comprá-los como peças é um exemplo da prática de apagamento que persistiu durante o sistema escravista. Homens e mulheres eram despidos de seu passado nas terras do continente africano, separados de suas famílias, degredados e expatriados. Olhavam-se seus dentes, sua força e sua capacidade de resistir às jornadas extenuantes de trabalho na lavoura como se não fossem dotados de subjetividade e de uma história.

O nome sonegado de uma pessoa negra evidencia, para quem era escravizado, uma ruptura com a própria história. Ainda, não foram poucos os sobrenomes jogados ao mar. Cerca de quatro milhões de negros foram escravizados nos mais de três séculos do regime escravista, de acordo com o Instituto do Patrimônio Histórico e Artístico Nacional (Iphan). Segundo o Banco de Dados do Tráfico de Escravos Transatlântico, esforço internacional de catalogação de dados referentes ao tema, cerca de 670 mil morreram no caminho.

Cada navio negreiro que aportava fazia do Brasil o principal destino do tráfico de pessoas, iniciado por Portugal em

1444. O país foi um dos territórios em que a escravidão perdurou por mais tempo, alcançando exatos 338 anos. Os impactos dessa prática, contudo, perduraram e perduram por muito mais tempo. Por efeito e consequência da escravidão, não foram garantidos aos negros os direitos civis e políticos. Ao contrário, eles foram impedidos pelo Estado brasileiro de participar da vida individual e política da sociedade.

Diante do trabalho forçado, do cerceamento da liberdade e dos direitos negados, vieram, na esteira, anos de expropriação financeira. O direito à remuneração pelo trabalho realizado, o direito à terra, ao exercício de uma profissão e à educação inexiste. Esse martírio vivido por negros africanos e seus descendentes ajuda a entender a situação socioeconômica de boa parte da população negra no Brasil. A Pnad Contínua 2019, divulgada em novembro de 2020, demonstrou que as pessoas pretas e pardas compõem os maiores percentuais entre as faixas de pobreza e extrema pobreza e moram com maior frequência em domicílios com algum tipo de inadequação.

Das pessoas em condições de extrema pobreza, 73,6% são pretos e pardos e 25,4%, brancos. Na extrema pobreza, essa diferença é ainda maior: 76,7% são pretos e pardos e 22,3%, brancos. A Pnad também indica que, em 2019, 45,2 milhões de pessoas residiam em 14,2 milhões de domicílios com algum tipo de inadequação. Dessa população, 13,5 milhões eram de cor branca e 31,3 milhões, pretos ou pardos.

Viver na periferia, seja nas favelas ou nos bairros pobres, foi uma forma que a população negra encontrou para se manter nos grandes centros urbanos brasileiros desde a abolição. Esses espaços são comumente lidos na chave da ausência de uma política pública de moradia para a população negra. Entretanto, eles também podem ser analisados enquanto uma possível reinvenção nas formas de estar e viver. Algo que, arriscamos dizer, remonta sua origem aos quilombos, nos termos propostos pela historiadora Beatriz Nascimento.

Desde o período colonial, a presença da pessoa negra vem se caracterizando por uma certa confluência entre a retirada de direitos e a afirmação da cultura, das práticas, dos hábitos e dos costumes, pois, diante da violência, milhares de homens e mulheres negras resistiram à expatriação e às investidas do sistema escravocrata. Nessa lógica, os quilombos permitiram que os negros integrassem uma organização social em que tais comunidades, enfim dotadas de subjetividades, construíam a própria cultura e repassavam seus saberes ancestrais.

Foram muitas as insurreições promovidas pelos cativos para se libertarem até que a Lei Áurea fosse promulgada pela Princesa Isabel, em 13 de maio de 1888. No entanto, a abolição legal não representou mudança imediata na vida de negros e negras livres. Eles, agora libertos, não receberam terras nas quais pudessem viver e retirar o seu sustento. Os anos de trabalho escravo ficaram para trás sem que houvesse qualquer compensação aos que se tornaram livres.

Nesse contexto, está a educação formal – ou a falta dela. Apesar de partilharem entre si um conhecimento que remonta ao continente africano e às práticas afro-brasileiras que aqui foram reinventadas, o direito ao ingresso numa instituição formal de ensino também foi, durante muito tempo, negado às pessoas negras. Sem a oferta de um ensino público e de qualidade que pudesse corrigir a desigualdade entre negros e brancos no país, as décadas que se seguiram à abolição da escravidão foram marcadas pela deliberada construção de um abismo social, cultural e econômico entre as diferentes cores que compõem a diversidade brasileira.

As primeiras instituições de ensino superior brasileiras foram criadas no século XIX, voltadas para a formação de médicos. Ao longo de toda a história do ensino superior no Brasil, a medicina é vista como o curso mais nobre e de difícil ingresso nas universidades públicas. "Após abrir os portos do Brasil às nações amigas de Portugal, D. João VI assinou, em 18 de fevereiro de 1808, o documento que mandou criar a Escola de Cirurgia da Bahia, no antigo Hospital Real Militar da Cidade do Salvador, que ocupava o prédio do Colégio dos Jesuítas, construído em 1553, no Terreiro de Jesus". Assim é apresentada a criação da primeira universidade do Brasil, hoje chamada de Faculdade de Medicina da Bahia.

Ainda em 1808, com a chegada da família real ao Brasil, foram instaladas as escolas de Cirurgia e Anatomia em Salvador, a de Anatomia e Cirurgia, no Rio de Janeiro, e a Academia da Guarda Marinha, também no Rio. Dois anos depois foi fundada a Academia Real Militar, que é a Escola Nacional de Engenharia da UFRJ.

Em 1911, foram criados os exames de admissão para as instituições de ensino superior. O termo vestibular para designar a seleção passou a ser empregado quatro anos depois, em 1915. Como os vestibulares se tornaram um funil, os alunos precisavam se preparar para enfrentar uma ampla concorrência. Data do início da década de 1960 a criação dos primeiros cursos pré-vestibulares.

Dessa maneira, naturalizou-se a concorrência para ingressar no ensino superior público brasileiro. Como, neste modelo conformado ao longo do tempo, havia um número limitado de vagas nas universidades, era quase certo que os estudantes mais bem-preparados as ocupassem. Passar no vestibular se tornou algo distintivo. As famílias passaram a investir na educação dos filhos como um ativo: estudar em escolas bem-conceituadas desde a infância até o ensino médio era a garantia de conquistar uma vaga nas universidades públicas, o que lhes garantiria sucesso no mercado de trabalho.

O Censo Demográfico do Instituto Brasileiro de Geografia e Estatística (IBGE) indica que, no ano 2000, 78,5% dos estudantes que frequentavam cursos de graduação no Brasil eram pessoas brancas (2.249.155). O número é quatro vezes maior em comparação com as pessoas negras, que ocupavam apenas 19,5% (559.906) dos bancos das universidades. A desvantagem se segue na década seguinte, conforme demonstra o Censo de 2010. Ainda que a situação tenha se equilibrado um pouco, os dados demonstram que, em 2010, 63% dos que chegavam ao ensino superior eram brancos e 35,3%, negros.

Os percentuais, no entanto, não correspondem à formação demográfica da população brasileira. Em 2000, 53,7% dos brasileiros se declararam brancos (91.298.042), 38,4% se declararam pardos (65.318.092) e 44,7% (75.872.416) entravam na categoria negra. Em 2010, os negros eram 50,9% (97.171.184) da população brasileira, e os brancos, 47,5% (90.621.075).

Reduzir a desigualdade na sociedade brasileira passa por, prioritariamente, derrubar as barreiras que afastam negros e negras do ensino superior.

Da criação dos vestibulares, na primeira década do século XX, até o questionamento do quão justos eram esses mecanismos de seleção, levaram-se boas décadas. Diante de uma série de fatores que evidenciaram a luta da população negra, especialmente tendo em vista a criação, em 1978, do Movimento Negro Unificado (MNU), foi sendo fortalecida uma discussão sobre as ações afirmativas.

A III Conferência Mundial contra o Racismo, Discriminação Racial, Xenofobia e Intolerâncias Correlatas, realizada de 31 de agosto a 7 de setembro de 2001, em Durban, na África do Sul, representou uma inflexão no debate mencionado. "O movimento negro até então não concordava muito com a política de ações afirmativas, com o sistema de cotas. Eu considerava a política reformista que poderia significar uma espécie de arrefecimento da luta contra o racismo no Brasil", afirma o integrante do MNU da Bahia, Luiz Alberto, que foi deputado federal pelo Partido dos Trabalhadores por dezesseis anos. O debate foi se consolidando durante os anos seguintes, também à medida que avançava o Estatuto da Igualdade Racial.

A inserção do MNU na luta pelas ações afirmativas chegou a enfrentar resistência na esquerda, que representava o segmento ideológico mais próximo da organização. "Havia resistência grande da classe média branca, não só da direita conservadora, mas da própria esquerda, que tinha muitas dúvidas sobre essa política. Na verdade, havia uma crença muito grande na meritocracia", afirma.

À época, a esquerda defendia a melhoria do ensino público como melhor caminho para a redução das desigualdades na área. Nesse sentido, houve amplo debate sobre qual seria a política mais adequada para garantir o acesso das pessoas negras às universidades públicas. Os especialistas, no entanto, afirmavam que, apenas com o investimento na qualidade do ensino público, os efeitos demorariam décadas para garantir igualdade de condições no acesso entre estudantes brancos e negros. O MNU então defendeu a melhoria do ensino público e a instituição do sistema de cotas. "Não vamos esperar décadas para chegar a uma igualdade de condições na disputa".

Ao final da década de 2010, muitas instituições públicas adotaram algum programa de ação afirmativa. De acordo com levantamento feito pelo pesquisador João Féres Júnior, 71% das universidades públicas apresentavam alguma modalidade de cotas. No entanto, a maior parte dessas ações se destinavam a alunos de escolas públicas (87%) ou apresentavam critérios raciais (57%).

A Universidade do Estado do Rio de Janeiro (UERJ) foi a primeira a instituir um programa de cotas, seguida pela Universidade de Brasília (UnB). No ano de 2000, doze anos antes da lei que instituiria as cotas a nível federal, a Assembleia Legislativa do Estado do Rio de Janeiro (Alerj) aprovou uma medida que reservava 50% das vagas das instituições estaduais para estudantes de escolas públicas. Em 2001, 40% das vagas deveriam ser para estudantes pretos e pardos. Essas duas leis foram substituídas em 2003, para que, no processo seletivo de 2004, os estudantes negros pudessem ingressar na UERJ pelo sistema de cotas.

Das universidades federais, o pioneirismo foi da UnB, que implementou as cotas raciais no processo seletivo para os cursos de graduação em 2003. O Plano de Metas para a Integração Social, Étnica e Racial foi aprovado pelo Conselho de Ensino, Pesquisa e Extensão (Cepe) em 6 de junho daquele ano. O documento previa a reserva de 20% das vagas para candidatos negros e, também, vagas para indígenas. A medida começou a valer em 2004.

A Lei de Cotas (Lei 12.711/2012) foi aprovada em 7 de agosto de 2012, em votação simbólica pelo Senado e sancionada pela presidenta Dilma Rousseff em 29 de agosto daquele ano. De forma geral, ela garantiria a reserva de 50% das vagas nas 59 universidades federais e nos 38 institutos federais brasileiros a alunos que cursaram o ensino médio nas escolas públicas. Desses, porcentagens específicas deveriam ser destinadas a pessoas autodeclaradas negras (pretas ou pardas), indígenas e a pessoas com deficiência. Isso ocorreu de modo gradual nos anos seguintes à aprovação e, aos poucos, transformou não só o sistema universitário como a própria sociedade brasileira. A lei também previa a reformulação da política após dez anos de sua implantação, o que acabou ocorrendo em 2023.

Esse é o principal ponto de partida para este livro. Com ele, objetivamos dimensionar a importância da Lei de Cotas num país como o Brasil, calcado pelo racismo e por uma desigualdade estrutural e estruturante. Nas páginas seguintes, será apresentada a história da implantação das ações afirmativas nas instituições de ensino superior e os desafios atrelados a esses processos. Pretendemos entrelaçar uma narrativa cronológica, com dados e informações relacionadas, junto às histórias de pessoas negras de diferentes regiões do país que chegaram à universidade por meio do sistema de cotas.

São histórias do Quilombo de Umarizal, localizado a cinco horas de Belém, capital do Pará; do Alto Vera Cruz, favela da região Leste de Belo Horizonte; do subúrbio ferroviário de Salvador; e de Sobradinho 2, que nasceu de ocupações de cidades-satélites do Distrito Federal. Diante da aprovação da renovação da Lei de Cotas, que garante esse direito até 2033, olhamos para essas trajetórias com o objetivo de questionar: de que forma vidas inteiras foram transformadas pela garantia do direito à educação?

CAPÍTULO 1

Um militante, a primeira proposta e o início da Lei de Cotas no Brasil

Quando estava com 69 anos, Abdias Nascimento repetiu o gesto visionário da juventude quando criou o Teatro Experimental do Negro (TEN), em 1944. Ao diagnosticar a ausência de pessoas negras no palco do Theatro Municipal do Rio de Janeiro, verificou ali o termômetro para demonstrar essa lacuna em outros espaços de produção do conhecimento formal.

Em 1983, ao tomar posse como deputado federal pelo Partido Democrático Trabalhista (PDT), do Rio de Janeiro, Abdias apresentou o primeiro projeto de lei que, entre outras medidas, previa a instituição de cotas para estudantes negros no ensino técnico e superior. O projeto dispunha sobre uma ação compensatória com o objetivo de implementar o princípio de isonomia social do negro em relação aos demais segmentos étnicos da população brasileira.

Vale lembrar que o direito à isonomia era supostamente assegurado pelo artigo 153, inciso I, da Constituição da República. A Constituição em vigor à época era a de 1967. Entretanto, apesar do processo de abertura democrática, o ano de 1983 ainda contava com um presidente eleito de forma indireta, João Figueiredo, e com as arbitrariedades típicas do período da ditadura civil-militar. Abdias fora eleito deputado nas eleições de 1982, a primeira com multipartidarismo, junto a uma geração de exilados retornados, como Leonel Brizola, Miguel Arraes e Paulo Freire.

O projeto de Lei nº 1332/1983 foi apresentado em 7 de junho de 1983 e arquivado em 5 de abril de 1989. Foi um de uma série de projetos apresentados por Abdias para o reconhecimento da contribuição da população negra no Brasil. Entre eles, o que mandava erigir um monumento ao escravo desconhecido no Distrito Federal, a instituição do Dia da Consciência Negra em 20 de novembro, em homenagem à luta de Zumbi dos Palmares, o reconhecimento de direitos quilombolas e a lei que torna o racismo inafiançável e imprescritível, considerado crime de lesa-humanidade. Nenhum desses foi aprovado à época. Os três últimos seriam aprovados junto à elaboração da Constituição de 1988; uma vitória do movimento negro e dos poucos parlamentares que compunham uma bancada antirracista no parlamento.

De todo modo, a proposição de leis pelo fim da desigualdade entre negros e brancos já representava um grande avanço num país que ainda se agarrava ao ideal da democracia racial. Ao lado de nomes como Lélia Gonzalez e Carlos Alberto de Oliveira, o Caó, Abdias levava anos de militância de rua para dentro dos espaços de tomada de decisão, ainda que em minoria. Eram vozes que buscavam espaço na política institucional após anos de silenciamento. Não fazia muito tempo que Abdias tinha retornado ao Brasil após um autoexílio nos Estados Unidos, com passagem de um ano pela Nigéria. Em 1968, com a radicalização do regime militar no Brasil após a publicação do Ato Institucional número 5, seu nome passou a constar em uma série de inquéritos, o que provocou sua saída do país.

De volta ao Brasil, Abdias levou ao parlamento a proposta que previa uma série de medidas a serem tomadas pelo governo no sentido de reparar a população negra pelos séculos de escravidão. Todos os órgãos governamentais, de todos os poderes, em nível federal, estadual ou municipal, deveriam reservar parte de suas vagas para pessoas negras, sendo 20% para mulheres e 20% para homens. Empresas do setor privado também deveriam adotar a mesma medida, sob pena de multa em caso de descumprimento após cinco anos de vigência da legislação. Como compensação, as empresas receberiam incentivos fiscais, e administradores dos setores públicos e privados teriam treinamento para compreensão das questões raciais.

No campo da educação, o projeto previa reserva de 40% das bolsas de estudo concedidas pelo Ministério da Educação para estudantes negros, cotas de mesmo percentual para ingressantes no Instituto Rio Branco, a escola diplomática do Brasil, fim de livros didáticos com conteúdos estereotipados sobre negros, inserção do ensino da história africana nas escolas e criação de departamentos e institutos de estudos afro-brasileiros em universidades. Se aprovada, a proposta representaria uma revolução nas relações raciais no Brasil de então. Batia de frente com a ideia da democracia racial, reconhecendo a ausência de oportunidades iguais para negros e brancos, e criava mecanismos de equiparação em todas as instâncias da sociedade.

A proposta era bem fundamentada. Ela lembrava que africanos foram trazidos para o Brasil contra sua vontade, trabalharam por séculos sem ganhar nenhum centavo e, por fim, foram libertados sem obter qualquer tipo de compensação pelos anos de trabalho. Passado quase um século da emancipação, seus descendentes ainda recebiam atenção menor das políticas públicas. A justificativa do projeto lembrava que 44% dos brasileiros eram mulatos e negros, segundo termos utilizados na época. "A Constituição da República brasileira assegura aos que residem no País a inviolabilidade dos direitos enumerados no seu Artigo 153, o primeiro dos quais se define com a seguinte frase: 'Todos são iguais perante a lei, sem distinção de raça, (ou) credo religioso'. Este princípio, entretanto, ainda não se constituiu num verdadeiro direito para o negro brasileiro, o qual continua discriminado em todos os aspectos de sua vida em nossa sociedade".

O texto tramitou ao longo de três anos, de 1983 a 1986. Recebeu pareceres favoráveis na Comissão de Constituição e Justiça, na Comissão de Trabalho e Legislação Social e na Comissão de Finanças. Estava pronto para ir a votação em plenário em 1986. Não foi. Em 1989, foi arquivado após a promulgação da Constituição Cidadã de 1988, que trazia leis importantes contra o racismo, mas nenhuma no sentido de reparação ou instituição da isonomia social do negro, como queria Abdias.

Diversos parlamentares atuaram, durante a década de 1980, para a aprovação de leis que mitigariam a distância entre pessoas brancas e negras num país marcado pela desigualdade. Naquela mesma legislatura em que Abdias havia proposto o projeto de Lei nº 1332/1983, o deputado Moacyr Franco (PTB/SP), também cantor e ator, formulou o projeto 2.981/1983. O PL previa a "reserva de 20% das vagas de estabelecimentos oficiais de ensino superior aos estudantes de cor negra que tivessem obtido médias altas de aprovação nos cursos de segundo grau", hoje ensino médio, dando prioridade àqueles com baixa renda. À época, a proposta foi considerada inconstitucional pela Comissão de Constituição e Justiça da Câmara dos Deputados.

Em 1986, ocorreram novas eleições, dessa vez para a Assembleia Constituinte, que formularia a Carta Magna do país. Abdias foi candidato novamente, mas não conseguiu se eleger. Foram eleitos onze parlamentares negros para aquela legislatura, de acordo com a pesquisadora Thula Pires[1], mas somente quatro deles integraram a chamada Bancada Negra: Paulo Paim (PT-RS), Benedita da Silva (PT-RJ), que foi posteriormente

---

1 CANOFRE, Fernanda. Bancada Negra pautou questões raciais durante a Constituinte. Folha de S. Paulo. Porto Alegre, 26 de nov. 2021. Poder. Disponível em: <https://www1.folha.uol.com.br/poder/2021/11/bancada-negra-pautou--questoes-raciais-durante-a-constituinte.shtml>. Acesso em mai. 2023.

governadora do Rio de Janeiro, Edmilson Valentim (PCdoB-RJ) e Carlos Alberto Caó Oliveira dos Santos (PDT-RJ).

Apesar da baixa representatividade, o movimento negro se fez presente na elaboração da Carta por meio de participação nas comissões, sobretudo na Subcomissão dos Negros, Populações Indígenas, Pessoas Deficientes e Minorias. O tema das cotas chegou a aparecer nesse grupo por meio de proposta do deputado Hélio Costa (PMDB-MG), que previa a instituição de percentual de vagas em empresas para pessoas negras. A proposta, contudo, não avançou.

Afinal, diante do tamanho diminuto da bancada e dos apoios que eles garantiriam, o grupo precisou escolher quais lutas conseguiria efetivar na Constituição de 1988.

Em 1993, como previsto pelo texto de 1988, a Constituição deveria passar por uma revisão. O sociólogo e deputado Florestan Fernandes (PT-SP) apresentou a proposta de inclusão de um capítulo na Constituição focado na questão negra, com vistas a estabelecer o reconhecimento dessa população e a isonomia de oportunidades. O texto, novamente, não avançou.

Já em 1995, o deputado Paulo Paim (PT-RS) colocou em pauta o projeto de Lei 1.239, que previa indenização de R$102 mil para todos os descendentes de escravizados no Brasil. A proposta, que parece um tanto quanto improvável, lembra o roteiro do filme "Medida Provisória", lançado nos cinemas brasileiros por Lázaro Ramos em 2022. Na obra, a resistência a uma recompensação monetária pelos efeitos da escravidão levou a um cenário distópico em que a população negra do país seria exportada para o lugar de origem de seus antepassados, o continente africano.

Por outro lado, Paim também propôs que o governo fosse obrigado a assegurar a presença do negro nas escolas públicas em todos os níveis de ensino, observando a proporção dos descendentes de escravizados na população local. A medida criaria, em outras palavras, um sistema de cotas na educação brasileira.

No mesmo ano de 1995, a senadora Benedita da Silva apresentou o projeto de lei do Senado nº 14, focado em "cotas etno-raciais", termo utilizado na redação, para instituições de educação superior. Ao fim da legislatura, em 29 de janeiro de 1999, o texto foi arquivado. Em 1997, Abdias, agora como senador pelo PDT/RJ, fez nova tentativa: apresentou o novo projeto de lei do Senado nº 75, recuperando o teor da proposta de 1983. A tramitação teve início em 24 de abril de 1997, mas o texto foi arquivado em 29 de janeiro de 1999.

Até os anos 2000, nenhuma das propostas de implantação das cotas prosperou. No entanto, já havia um acúmulo de lutas e conquistas por parte do movimento negro.

No parlamento, mesmo em minoria, deputados negros já tinham experiência suficiente para encontrar brechas nas resistências a projetos que favoreciam o combate ao racismo. Abdias do Nascimento, Benedita da Silva, Paulo Paim e Carlos Alberto Oliveira, o Caó, tentaram emplacar leis que garantissem a isonomia do negro perante os brancos. Apesar de a maior parte dos projetos ter sido rejeitada, pequenos avanços foram obtidos ao longo dos anos. Em 1995, o governo Fernando Henrique Cardoso (PSDB) criou o Grupo de Trabalho Interministerial para Valorização da População Negra. Na ocasião, o presidente reconheceu a existência de racismo no Brasil. Foi o primeiro mandatário da história a fazê-lo.

Em 2001, a Organização das Nações Unidas realizou a Conferência Mundial contra o Racismo, a Discriminação Racial, a Xenofobia e a Intolerância, entre os dias 31 de agosto e 8 de setembro em Durban, na África do Sul. "O Brasil levou diplomatas e representantes do movimento negro. Foram pessoas muito preparadas para fazer o debate e apresentar propostas políticas efetivas para o Brasil", conta a socióloga Vanessa

Patrícia Machado Silva, autora da dissertação "O processo de formação da Lei de Cotas e o Racismo Institucional no Brasil", defendida na Universidade de Brasília, em 2017[2].

A conferência foi um momento importante para uma série de conquistas que seriam alcançadas ao longo da década. No mesmo ano de sua realização, a Assembleia Legislativa do Rio de Janeiro aprovou a reserva de 40% das vagas para pretos e pardos nas universidades estaduais. Em 2003, com a posse do presidente Luiz Inácio Lula da Silva (PT), é criada a Secretaria Nacional de Políticas de Promoção da Igualdade Racial (Seppir), com status de ministério, responsável por articular o trabalho de outras pastas com recorte de raça.

No ano seguinte, o governo instituiu o Programa Universidade para Todos (ProUni), em que trocava isenção de tributos de instituições de ensino superior privadas por bolsas de estudo para alunos de escolas públicas de baixa renda. O programa trouxe uma novidade: reservava parte das vagas para estudantes pretos e pardos, via autodeclaração. "O ProUni teve influência efetiva na política de cotas porque os resultados apurados dos estudantes foram positivos", afirma Vanessa. As universidades federais passaram a prestar atenção no fenômeno que ocorria nas privadas, de maior presença de estudantes negros. Essa política foi alvo de ações de inconstitucionalidade, refutadas pelo Supremo Tribunal Federal (STF).

Foi também em 2004 que a tramitação do projeto de lei que deu origem à Lei de Cotas (Lei 12.711/2012) ganhou tração. O texto original do projeto é de uma mulher branca, na época filiada a um partido conservador, o PFL, Nice Lobão. O PL nº 073/1999 estabelecia o sistema de cotas no ensino superior

---

[2] SILVA, Vanessa Patrícia Machado. O processo de formação da Lei de Cotas e o racismo institucional no Brasil. Sociedade e Estado, [S. l.], v. 32, n. 2, p. 555, 2017. Disponível em: https://periodicos.unb.br/index.php/sociedade/article/view/6297. Acesso em mai. 2023.

nas instituições federais para estudantes. O texto da deputada maranhense previa reserva de metade das vagas para alunos com boas médias de notas no ensino médio, com critérios a serem definidos pelo Ministério da Educação.

Na verdade, o projeto previa mudanças na seleção para a educação superior, sem estabelecer critérios para beneficiar jovens de escolas públicas e negros. O PL só ganhou força quando foi apensado a ele o projeto de Lei n.º 3627, do Poder Executivo, que "institui sistema de reserva de vagas para estudantes egressos de escolas públicas, em especial negros e indígenas, nas instituições públicas federais de educação superior, em cada concurso de seleção para ingresso nos cursos de graduação".

O debate continuou rondando a pauta pública. Dois anos após o início da tramitação, um grupo de 114 intelectuais, autointitulados "antirracistas", entre eles o cantor Caetano Veloso, a historiadora Lilia Schwarcz e a socióloga Nísia Trindade Lima, futura Ministra da Saúde do Brasil, publicou uma carta contra a adoção do sistema de cotas. Embora diversos deles tenham mudado de ideia ao longo do tempo, à época eles argumentavam que a reserva de vagas instituiria a "invenção de raças oficiais" e previam um possível aumento de casos de racismo a partir disso.

Em resposta, mais de 300 intelectuais, entre eles Abdias, publicaram outra carta, defendendo que o suposto aumento de conflitos raciais não encontrava eco na realidade das universidades que já tinham cotas. E quando ocorriam, as instituições eram incentivadas a buscar soluções, pondo fim à impunidade da discriminação racial no ambiente universitário. Por fim, a carta criticava a missiva contrária por não propor alternativa à Lei de Cotas. Esse embate também se dava dentro das universidades, que avançavam aos poucos, com a implantação de reserva de vagas ou de sistemas de bonificação para egressos de escolas públicas, pretos e pardos, em seus vestibulares.

Enquanto o texto tramitava entre deputados, do outro lado do Congresso Nacional, a senadora Ideli Salvati (PT-SC) apresentou o projeto de Lei n° 546/2007. Essa proposta falava de cotas no mesmo modelo daquela apresentada pelo poder executivo: 50% das vagas para egressos de escolas públicas, em que parte dessas é destinada a negros e indígenas. A diferença é que seria aplicada apenas nas instituições federais de educação profissional e tecnológica, que contemplaria os Centros Federais de Educação Tecnológica (Cefets) e os Institutos Federais de Educação, Ciência e Tecnologia (Ifets). Por ser menos abrangente, o texto foi aprovado em 2008, em comissões de forma terminativa, ou seja, sem necessidade de ir a plenário antes de ser encaminhado para a Câmara. Aquele pareceu ser o ano decisivo para a aprovação da Lei de Cotas.

No dia 20 de novembro de 2008, Dia da Consciência Negra, a Câmara dos Deputados aprovou, em votação simbólica, o projeto da Lei de Cotas na forma de um substitutivo que previa reserva de 50% das vagas em universidades públicas para estudantes de escolas públicas. Dentro desse percentual, parte seria destinada para estudantes negros e indígenas, considerando a proporção dessas etnias nos estados de cada universidade. Uma emenda também determinou que parte das vagas seria reservada para estudantes com renda familiar menor que um salário mínimo e meio. A proposta chegou ao Senado em 2008, como projeto de Lei complementar 180/2008. Lá recebeu uma única emenda do senador Aloysio Nunes (PSDB/SP), que adequou o projeto para instituições de ensino públicas federais. A alteração propunha a supressão da expressão "e estatais", o que abrangeria universidades estaduais, casos de USP e Unicamp.

Antes de ser aprovado pelo Congresso, o sistema de cotas adotado por instituições como Uerj, UFBA, UnB e UFRGS passou por questionamentos jurídicos. Em 2012, o partido Democratas entrou com um pedido de Arguição de Descumprimento de Preceito Fundamental (ADPF 186) no Supremo Tribunal Federal contra a Universidade de Brasília, por supostamente descumprir o princípio da igualdade entre os concorrentes. No mesmo ano, um estudante apresentou um Recurso Extraordinário (RE 597285), também na Alta Corte, em que questionava os critérios utilizados pela UFRGS para reserva de vagas. A maioria dos ministros julgou constitucionais os critérios adotados pela UnB em 26 de abril daquele ano e, em maio, fez o mesmo com relação à universidade gaúcha.

Com a constitucionalidade reconhecida pela Suprema Corte do país, o caminho estava livre para a aprovação definitiva da Lei de Cotas. Em 7 de agosto de 2012, em votação simbólica, o Senado aprovou a proposta, sancionada como Lei nº 12.711/2012 em 29 de agosto pela presidenta Dilma Rousseff.

Da apresentação de um primeiro projeto de lei que estabelecia cotas nas universidades brasileiras, em 1983, à aprovação da Lei de Cotas, foram 29 anos. "A versão final do projeto de lei (12.711/2012) é um complexo arranjo institucional para acomodar várias forças sociais e argumentos que estiveram em disputa no período de sua tramitação", avalia a pesquisadora Vanessa Patrícia Machado Silva.

Abdias do Nascimento morreu um ano antes, em 23 de maio de 2011. Em uma de suas últimas entrevistas, concedida à Folha de São Paulo[3] em 2010, em razão da sua indicação ao Prêmio Nobel da Paz, ele defendeu a adoção da política de cotas no Brasil. "São necessárias leis de apoio bem claras. Não foi na lei que se inscreveu que o negro era escravo? Estava lá escrito." Ele reivindicava, portanto, que o país firmasse na legislação a garantia de acesso do povo negro à educação e a outros direitos.

---

3 "Pouco ousado, Lula não foi até o fim contra racismo", Folha de S. Paulo - 14 de junho de 2010.

Como você acompanhou neste capítulo, embora não tenha visto a lei aprovada em todo o país, Abdias pôde ver iniciativas que pavimentaram o caminho para a ampliação das cotas. Além da reserva de vagas do ProUni, universidades estaduais e federais começaram a adotar programas para ampliar o acesso de negros e negras ao ensino superior; mudanças que ocorreram à base de conflitos e debates intensos, como mostra a experiência da Universidade de Brasília.

CAPÍTULO 2

A experiência pioneira da universidade idealizada por Darcy Ribeiro

"Morte aos negros", "viva o apartheid", "negros mortos". Professores e alunos se depararam com o muro e uma parede interna do Instituto de Artes Visuais da Universidade de Brasília (UnB) pichados, com tais palavras, em junho de 1987. A professora Lourdes Theodoro, na época com 41 anos, avistou os escritos em letras garrafais no prédio em que trabalhava. Os ataques lhe causaram susto e pavor, e, pela primeira vez, ela teve medo de ser morta por sua cor. "Nunca tínhamos visto frases tão violentas no campus nem fora dele, na cidade de Brasília. Eram extraordinários a força do ódio contido nessas expressões e o grau de violência dessas palavras todas. Eu senti medo na carne".

O episódio deu início a um amplo embate teórico na UnB entre professores contra e a favor da adoção da ação afirmativa, o que se ampliou para a esfera pública nacional.

Naquela manhã, Lourdes entrou no prédio atenta, olhando para as pessoas e para os lados temendo sofrer algum ataque. O medo dividia os pensamentos com a certeza de que era preciso fazer algo para contrapor o ato racista. De imediato, ela procurou alguns colegas para que pudessem promover atividades para discutir o racismo. "Não era ameaça apenas aos negros. Era à toda sociedade, ao campus, e é uma negação absoluta de qualquer princípio democrático, de qualquer valor humanista, uma aberração em termos de convivência social." Poucos dias antes da pichação, a universidade recebeu a visita do Bispo Desmond Tutu, arcebispo da Igreja Anglicana consagrado com o Prêmio Nobel da Paz em 1984 por sua luta contra o Apartheid na África do Sul.

O episódio escancarando o racismo gerou incômodo em parte da comunidade acadêmica da UnB, liderada à época por Cristovam Buarque, que foi reitor de julho de 1985 a agosto de 1989. Naquele ano, era baixo o número de alunos negros na universidade, que raramente eram vistos pelo campus. Na sua maioria, eram apenas estudantes africanos em intercâmbio.

O professor do Departamento de Artes Visuais, Nelson Inocêncio, ainda não era docente da universidade, mas como ex-aluno negro da UnB acompanhou o episódio com muita perplexidade. "Fiquei muito mal. Mais incomodados ficamos quando percebemos que a universidade não fez o exercício necessário, a pausa para a reflexão. Tinha que ter parado para debater esse assunto. E não parou."

As pichações foram apagadas quando o muro e a parede foram pintados, mas o sentimento de que os negros não eram bem-vindos não desapareceu com as camadas de tinta. A ação de pintar, sem que se realizasse uma mobilização na universidade, foi vista como insuficiente pelo movimento negro. "Lamentavelmente, embora Cristovam Buarque fosse um reitor aberto às discussões, naquele momento, a decisão da reitoria foi pintar os muros de branco em vez de chamar uma grande discussão na universidade", recorda-se o professor.

Em 9 de julho de 1987, a professora Lourdes Theodoro, com apoio do Núcleo de Estudos Afro-brasileiros, organizou um debate sobre racismo no auditório do Departamento de Desenho. O caso foi relatado em artigo do jornal "Raça e classe", escrito por Edson Cardoso. O texto intitulado "Discriminação nas escolas" questiona a baixa presença de estudantes negros na universidade. "Os programas dos cursos, os currículos e todos silenciando sobre a evidente participação dos negros na vida do país", escreveu Edson para o jornal produzido pela

Comissão do Negro do Partido dos Trabalhadores do Distrito Federal, na edição de agosto e setembro de 1987.

Uma década depois, no primeiro semestre letivo de 1998, um outro episódio deu centralidade à questão racial na UnB. O aluno de doutorado Arivaldo de Lima Alves foi reprovado por nota insuficiente em Organização Social e Parentesco, disciplina obrigatória no Programa de Pós-graduação em Antropologia Social, ministrada pelo professor Klaas Woortmann. Natural do Recôncavo Baiano, o estudante negro foi a primeira reprovação em vinte anos do programa. O caso não foi um tropeço na história pessoal do estudante. Em vez disso, devido à posição altiva de Ari, que não se calou diante do ocorrido, deu-se início a um debate sobre racismo no departamento; debate que se ampliou para o campus e para outras universidades públicas brasileiras.

Embora tenha se dedicado à disciplina com assiduidade e realizado todos os trabalhos, Arivaldo não entendeu os motivos da reprovação e ainda tentou conversar com o professor para tentar refazer alguma atividade. O apelo não foi atendido e Ari desconfiou que pesava na decisão o fato de ele ser negro, homossexual e baiano. "O professor Klaas Woortmann não aceitou negociar uma solução para o caso, como, por exemplo, melhorar ou refazer o trabalho. Ao contrário, na conversa que tive com ele em sua sala, bastante agressivo, disse-me, na presença de vários colegas, que era 'uma nulidade', que meu trabalho 'era muito ruim mesmo'."[4]

Ciente de sua dedicação, recorreu a três instâncias administrativas da UnB, sem sucesso, até que o caso chegou ao Conselho de Ensino, Pesquisa e Extensão (Cepe). Em 19 de maio de 2000, essa quarta instância reconheceu (22 votos

---
4   LIMA, Ari. A legitimação do intelectual negro no meio acadêmico brasileiro: negação de inferioridade, confronto ou assimilação intelectual? In: Afro-Ásia, 25-26 (2001), 281-312.

a favor e quatro contra) que Ari foi injustamente reprovado, concedendo a ele o crédito devido.

A experiência dolorosa marcou a trajetória pessoal, acadêmica e profissional de Arivaldo. "Uma questão que parecia ser de ordem pessoal ia ganhar a dimensão que teve e ia ter como resposta medidas que não beneficiariam diretamente a mim, mas um segmento que há séculos vem sendo abandonado e maltratado", declarou em entrevista publicada na Agência Brasil em 2013.

O caso de Ari levou à cisão no Departamento de Antropologia, extrapolando para outros departamentos, tornando-se uma discussão em toda a universidade. "Usos e abusos da antropologia em um contexto de tensão racial: o caso de cotas para negros na UnB", escreveu em artigo o professor José Jorge. Boa parte dos alunos e a maioria dos professores do Departamento de Antropologia não apoiaram Ari. Apenas o professor José Jorge de Carvalho, que era orientador de Ari, e a professora Rita Segato, à época docente do Departamento de Antropologia e coordenadora do PPGAS, ficaram do lado do estudante e, por isso, estiveram temporariamente sob voto de censura, proibidos de se manifestarem. Posteriormente, Rita foi destituída da coordenação num processo controverso.

Os professores José Jorge e Rita Segato apresentaram uma proposta de política de cotas na universidade em 1999, cuja aprovação ocorreu em 2003. José Jorge escreveu[5] sobre o processo de revisão da nota de Arivaldo Alves, que levou mais de dois anos por uma revisão justa. José Jorge ressaltou que o processo foi desgastante também para ele, que era o orientador de Ariosvaldo, e para Rita Segato, que foi demitida "sumariamente" do cargo de coordenadora da Pós-Graduação do Departamento de Antropologia.

---

5 CARVALHO, José Jorge de. Usos e abusos da antropologia em um contexto racial: o caso das cotas para negros na UnB. In: Horizontes Antropológicos, Porto Alegre, ano 11, n. 23, p. 237-246, jan/jun 2005.

O professor destaca a importância da Antropologia na condução dessa discussão. No entanto, professores negros destacam que a defesa pelas cotas tem que ser entendida tanto intra como extramuros da universidade.

"O projeto elaborado pelo professor Jorge e pela professora Rita estava em consonância com as questões e com as demandas que o movimento negro apresentava", destaca Nelson Inocêncio. A conjuntura no final da década de 1990 vinha de um debate iniciado no final da década de 1980. "O movimento negro já estava discutindo políticas de reparação até chegarem as ações afirmativas."

A proposta de José Jorge e Rita Segato foi aprovada em 2003, nove anos antes da aprovação da Lei de Cotas. O Plano de Metas para integração social, étnica e racial da Universidade de Brasília disponibilizou, por um período de dez anos, 20% das vagas de vestibular da UnB para estudantes negros em todos os cursos oferecidos na universidade. O mesmo plano propunha vagas para indígenas de todos os estados brasileiros. O documento ainda indicava ações para a permanência dos cotistas e os caminhos para a implementação.

Os primeiros anos de entrada na universidade com a vigência da política de cotas foram conturbados. O professor lembra que havia muita sabotagem para desestimular estudantes negros. Parte dessa sabotagem era o discurso que tentava deslegitimar os cotistas. "A cota não questiona capacidade, questiona a falta de oportunidade. Mas os estudantes negros se sentiam envergonhados", recorda-se o professor Nelson.

As primeiras turmas de cotistas foram recebidas com hostilidade no campus e as pichações racistas voltaram aos muros e paredes. "Encontraram pichações nos banheiros públicos tentando desqualificar a presença de estudantes negros. Pessoas equivocadas estimuladas por docentes. Coisas absurdas como 'vão roubar as nossas vagas'", recorda-se Nelson, que na época já era docente na universidade.

A percepção começou a mudar em 2012 com a aprovação, por unanimidade, da constitucionalidade das cotas raciais pelo Supremo Tribunal Federal e a posterior aprovação da Lei Federal 12.711 pelo Congresso Nacional. "A Suprema Corte define que as cotas não são ilegais e, a partir desse momento, não tem motivo para criar dificuldade para que a política continuasse". No primeiro semestre de 2013, pretos e pardos somavam 31% dos graduandos, segundo o Decanato de Planejamento, Orçamento e Avaliação Institucional (DPO/UnB). Em 2019, negros eram 47,8% dos graduandos, de acordo com o Anuário Estatístico 2020.

A UnB foi inaugurada em 21 de abril de 1962 como o sonho de Darcy Ribeiro com uma proposta de inovar o ensino superior no Brasil. A ele se juntou o educador Anísio Teixeira, que elaborou o modelo pedagógico, e o arquiteto Oscar Niemeyer, que desenhou os prédios. Rita Segato defende o argumento de que a política de cotas foi rechaçada por parte da universidade em função da maneira como as universidades do Sul Global se inserem no sistema global de produção de conhecimento que tem como referência o Hemisfério Norte. Implementar as cotas também era colocar em debate a produção do conhecimento científico.

As elites também se colocaram contrárias à implementação da ação afirmativa. "As elites compreenderam imediatamente que democratizar a universidade pública significava abrir o acesso ao corredor que conduz a posições a partir das quais se decide o destino dos recursos da nação. A própria universidade é esse corredor e, se a democratizamos, democratizamos o caminho até os espaços da República em que todas as decisões importantes em relação à vida nacional são tomadas, intervindo também no próprio âmbito da reprodução das elites", escreveu Rita no ensaio

"Brechas decoloniais para uma universidade da Nossa América", parte do livro "Crítica da colonialidade em oito ensaios — e uma antropologia por demanda".

Orgulho de ser cotista

Aline Pereira dos Santos foi da primeira turma de cotas raciais que ingressou em 2004. No ano em que ela ingressou na universidade, a UnB tinha apenas 2% de graduandos negros. Nasceu em Brasília, em Sobradinho 2, e estudou toda a vida em escolas públicas. Quando ela resolveu prestar vestibular, não tinha ninguém na família que havia passado pelo ensino superior.

O pai de Aline, Aílton Pereira da Costa, é policial militar, o que deu estabilidade à família, apesar de a renda ser baixa. A mãe, Alice Pereira da Costa, cuidava da casa e dos filhos. "Minha mãe era do lar, então estava sempre presente com a gente na escola. Depois que eles se separam, ela vai trabalhar como doméstica".

No Distrito Federal, a distância em relação ao centro administrativo (Esplanada dos Ministérios) demonstra a condição socioeconômica dos bairros. "Aqui (cidades-satélites) é considerado periferia. Sobradinho 1 foi inaugurada junto a Brasília, então é uma cidade planejada, de pessoas de classe média e com infraestrutura". Sobradinho 2 se formou por meio de ocupações de famílias mais pobres. "A gente não tinha asfalto". "Moro em Sobradinho 2 e estudei em Sobradinho 1, é uma cidade mais classe média. E Sobradinho 2 era uma invasão dessa cidade. O ensino não era de tanta qualidade e não havia tanta infraestrutura. A gente que queria estudar melhor tinha que sair. Eu fiz isso, porque tinha na cabeça que queria ingressar na universidade."

Desde muito jovem, havia aflorado a consciência de ser negra, mas ela passou a entender a dinâmica do racismo depois que ingressou na universidade. Antes de tentar o sistema de cotas, ela participou do processo seletivo de avaliação seriada (PAES), mas em decorrência de um problema no preenchimento de formulários, ela não entrou.

Decidiu que prestaria vestibular no meio do ano, quando soube que havia a modalidade de cotas. Aline frequentava dois cursinhos pré-vestibulares gratuitos, quando acompanhava os debates sobre a importância de ações afirmativas. Acompanhar os debates foi o que trouxe tranquilidade para que ela optasse pela modalidade de cotas no vestibular da UnB.

No entanto, apesar de entender que as cotas eram uma política de ação afirmativa, ela compartilhava com outros estudantes negros o temor de como os cotistas seriam recebidos no espaço acadêmico. "A maior parte da sociedade era contra e era muito forte o discurso da meritocracia. Havia questionamento sobre o impacto das cotas na qualidade da academia", recorda-se.

Apesar do receio da recepção que teria como estudante cotista, Aline não se recorda dos primeiros dias da graduação. "Na época, participava de movimento estudantil. Lembro que, quando entrei na universidade, estava engajada politicamente. Não me lembro das primeiras aulas." No curso de Pedagogia, havia um acolhimento aos calouros, uma orientação em relação à universidade e ao currículo. "Isso foi decisivo para que não tivesse nenhum tipo de receio. Nas aulas, senti pouco, até por não ter medo de me posicionar".

No entanto, ela se recorda que era muito comum que os professores perguntassem quem entrou pelo sistema de cotas. Muitos estudantes preferiam não se colocar. No segundo semestre da graduação, ela ingressou no projeto Afroatitude, um programa de assistência voltada para estudantes cotistas. "Foi um divisor de águas. Para a gente se aquilombar, para a gente se formar, entender o sistema de cotas e trocar com outros estudantes que passavam pela mesma situação."

Os estudantes comentavam que era difícil identificar os outros estudantes cotistas porque eles não se posicionavam. "Olhava pelo site da UnB que indicava que determinado curso tinha seis cotistas, mas nas aulas ou quando havia questionamentos e entrevistas, a gente nunca achava onde estavam esses outros cotistas. Era um diagnóstico: as pessoas tinham medo ou vergonha de se colocarem".

Aline se assustava com as ameaças colocadas nos murais da UnB e na porta dos banheiros. "As pessoas ameaçavam: 'não queremos vocês'. Muitos tinham medo, mas a maior parte tinha vergonha. Havia uma narrativa de que só entrava pelo sistema de cotas quem não conseguiu entrar pelo universal. Então essas pessoas teriam menos mérito ou seriam menos dignas de estarem ali".

A menina que cursou a educação infantil em Planaltina formou-se em 2008 no ensino superior. Aline abriu caminho para as gerações futuras. Nesse período de quatro anos, viu os cotistas ganharem coragem para se posicionar. A irmã que entrou tempos depois também pelo sistema de cotas na UnB encontrou uma instituição mais estruturada para acolher os estudantes negros. A academia passou a realizar mais pesquisas para acompanhar o desempenho dos cotistas. "A história de que a gente vai diminuir a qualidade do ensino superior já caiu por terra. Outro mito de que a gente não ia dar conta de acompanhar. Tinha pesquisa que apontava que o abandono, a evasão dos estudantes cotistas era bem inferior ao dos que entravam pelo sistema universal".

A UnB acompanhava o desempenho dos estudantes cotistas e não cotistas pelo índice de rendimento acadêmico (IRA). "O IRA dos cotistas era igual ou maior do que o dos estudantes universais. A minha geração foi a que produziu dados para a geração que veio depois." A decisão do Supremo Tribunal Federal, em 2012, pela constitucionalidade do sistema de cotas contribuiu para a melhor adaptação dos estudantes cotistas. "As resistências internas e externas diminuíram. Não só pela decisão do STF, mas os votos dos ministros se tornam base jurídica e política para várias questões", avalia Aline.

CAPÍTULO 3

Os primeiros passos das cotas no Rio de Janeiro

Vânia Penha-Lopes conseguiu um feito raro para mulheres negras de sua época: foi aprovada para o curso de Ciências Sociais na Universidade Federal do Rio de Janeiro (UFRJ) em 1979. "Para mim, estudar foi fácil". Na época em que a média para pessoas pretas e pardas acima de 10 anos era de 2,4 anos de estudos, ela foi muito além. Negros não concluíam sequer o ensino fundamental, mas na família dela foi diferente. A mãe cursou Serviço Social e a irmã mais velha, Engenharia, na Universidade Federal Fluminense. Quando ela entrou na universidade, o Brasil vivia sob a ditadura militar, a educação não era universalizada e políticas de ação afirmativa eram um sonho distante.

A trajetória de Vânia como acadêmica foi exitosa fora do país. Fez mestrado e doutorado na New York University e se estabeleceu nos Estados Unidos como professora do Bloomfield College, em New Jersey. Desde 2008, é codiretora dos Seminários do Brasil na Columbia University. Ainda no início dos anos 2000, um amigo norte-americano lhe falou que começavam a aparecer iniciativas de reserva de vagas em universidades públicas do Brasil. Vânia então participou de um congresso no Brasil em 2002, quando começou a se aprofundar sobre as ações afirmativas adotadas por aqui. A novidade vinha de duas instituições de seu estado de origem: a Universidade do Estado do Rio de Janeiro (Uerj) e a Universidade Estadual do Norte Fluminense (Uenf).

A trajetória das cotas raciais no Rio começou com a aprovação da Lei 3.708/2001, na Assembleia Legislativa, e sanção pelo então governador e pré-candidato à presidência Anthony Garotinho, que atualizava legislação anterior que estabelecia reserva de vagas apenas para estudantes de escolas públicas. A nova lei reservava 40% das vagas para estudantes autodeclarados pretos e pardos. Uma outra lei, de 2003, estabeleceu 20% das vagas para pretos e pardos, 20% para estudantes de escolas públicas e 5% para pessoas com deficiência. O texto aprovado utilizava a expressão "negros e pardos", contrariando classificação do IBGE, que considera negros a soma de pretos e pardos. A partir da lei estadual, as duas universidades estaduais implantaram o sistema de cotas, tornando-se as primeiras do Brasil.

O processo de implantação das cotas instigou a pesquisadora negra, que resolveu voltar dos Estados Unidos para o Brasil. "E aí me dei conta de que o pessoal que tinha entrado em 2003 se formaria em 2006. Pedi uma licença sabática de um ano letivo na faculdade onde eu trabalho para fazer um pós-doc na Uerj para acompanhar". Vânia retornou para pesquisar histórias de vida dos primeiros cotistas de dois cursos de graduação: Ciências Sociais e Odontologia, publicadas no livro *Pioneiros: Cotistas na universidade brasileira*, da Paco Editorial.

"Era uma discussão muito polarizada, mas não era só isso que me incomodava. Os próprios alunos cotistas não apareciam nessas discussões". Vânia entrevistou 22 formandos, sendo quatorze do curso de Ciências Sociais e oito, de Odontologia. Ela se recorda que um dos argumentos contrários às cotas na Uerj é que beneficiariam apenas negros de classe média. Mas não foi isso o que encontrou na pesquisa, que, apesar de não ser quantitativa, dá uma dimensão do perfil dos primeiros cotistas. "A maioria era de classe trabalhadora, de pais com baixo nível educacional".

Dos 22 estudantes cotistas, dez fizeram opção pelas cotas raciais para entrar na universidade, e o restante optou pela reserva de vagas para estudantes de escolas públicas. "Para muitos dos alunos, a identidade racial foi uma questão, porque, aqui no Brasil, ela [a identidade racial] é fluida". Foi o caso de Mônica, uma das entrevistadas pela pesquisadora: "Eu sou negra, embora as pessoas cismem em apontar essa coisa do matiz da minha pele, dizer que eu sou um pouco mais clara... É, muita gente teima em falar 'ah, mas você tem a pele mais clara', mas eu prefiro ver pela minha descendência mesmo, dos meus avós". Vânia trocou os nomes dos entrevistados para preservar a identidade deles. Para Alice, não houve dúvida, o que a fez optar pela categoria de cotas raciais foi "o espelho, meus pais, todo mundo, minha família, que é parecida comigo".

A dificuldade não era apenas ingressar na universidade pública, mas se manter ao longo do curso. Nos primeiros anos de vigor das cotas, a Uerj não ofertava nenhum tipo de bolsa de manutenção, algo que só foi criado posteriormente. Muitos alunos cotistas não tinham onde comer. "Tinha um restaurante popular daqueles de um real no Maracanã, mas era tanta gente que eles falavam que, se esperassem para comer, perderiam a aula".

Era nesse restaurante popular que Thiago Luiz dos Santos almoçava todos os dias enquanto cursava Pedagogia na Uerj. Ele integrou uma das primeiras turmas a entrar na instituição por meio do sistema de cotas. Thiago conta que dividia mesas com pessoas em situação de rua no restaurante, o que para outros estudantes era um motivo a mais para discriminá-lo. "Do tipo de eu pegar na maçaneta e a pessoa limpar essa maçaneta. De eu sentar numa cadeira e a pessoa não sentar perto de mim, porque, veja bem, eu comia onde pessoas de rua comiam."

Thiago entrou na universidade no primeiro semestre de 2004. Ele foi aprovado tanto na Uerj, para Pedagogia, quanto na UFRJ, para Filosofia. Nesta última, só conseguiu vaga para o segundo semestre, e quando tentou conciliar os dois cursos, além do cansaço, se deu conta de que já estava apaixonado pela Pedagogia. Sua trajetória começou no subúrbio do Rio de Janeiro, entre Padre Miguel e Bangu. Ao longo dos anos 90, estudou a maior parte do tempo em escolas públicas, mas da quinta até a oitava série, passou por uma escola particular. "É um momento em que meu pai consegue construir uma microempresa, ele estava com um pouquinho mais de dinheiro". O pai, que trabalhava no ramo de transportes, abriu seu próprio negócio e investiu na educação do filho. Mas a empresa não deu certo e Thiago voltou para uma escola pública em Bangu no início do ensino médio, que ele descreve como "muito ruim".

Nesse período, o pai resolveu pagar um curso preparatório para o filho tentar vaga em escola militar, em que Thiago não passou. No entanto, ele foi aprovado na Escola Técnica Estadual República, considerada de qualidade. Para entrar na nova instituição, precisou abrir mão do primeiro ano que já tinha cursado e recomeçar o ensino médio do zero. Ele não se importou, afinal, considerava que o curso técnico traria mais condições de entrar em uma universidade. Acontece que em 2002, quando fazia o terceiro ano, Thiago tomou uma decisão radical: queria se tornar padre católico. Ele começou a frequentar o seminário ainda naquele ano e, no seguinte, passou a se dedicar integralmente à preparação ao sacerdócio. O pai aceitou a decisão do filho tranquilamente; a mãe, não. "Em março de 2003, quando ingresso no internato, ela me deu uma grande surra". O problema não era ser padre, é que ela queria que o filho se casasse e lhe desse netos.

As preces da mãe deram certo. Thiago achou o seminário muito elitista e preferiu deixar o sonho de usar batina de lado. "Eu sou leitor de Leonardo Boff e quando ele sai da igreja, diz que sai para continuar o mesmo. Eu fiz isso, saí para continuar o mesmo". Boff foi o criador da Teologia da Libertação, movimento católico que fazia análise crítica da Bíblia e incentivava a organização popular. Thiago encontrou na Pedagogia o lugar para promover as transformações que acreditava necessárias. Ao mesmo tempo, ele considera que a experiência com a religião o tornou "docilizado". "Eu até participo da fundação do 'Denegrir', um coletivo de estudantes negros, mas não sou tão próximo". "Quer dizer, eu entro na UERJ pela cota de pardos. O debate sobre negritude, sobre ser negro, ele não estava colocado pra mim. Entendeu? Era de tudo, era marrom, era marrom bombom, moreninho...".

Thiago também atribui à religião a disciplina nos estudos. Ele chega a cursar quinze disciplinas simultaneamente, além de participar de programas de iniciação científica. Tanto esforço faz com que ele termine o curso em três anos, quando a previsão inicial era de quatro. Seu trabalho de conclusão de curso foi sobre fracasso escolar e alfabetização. Logo depois, foi aprovado em concurso para a rede pública de Nova Iguaçu, da região metropolitana do Rio, que conciliou com o trabalho em uma ONG também ligada à educação. Em 2008, voltou para a UFRJ para cursar o mestrado, finalizado em 2008, em que pesquisou o programa de educação integral Bairro Escola, da prefeitura de Nova Iguaçu. Em 2013, retornou para o doutorado na Uerj, quando trabalhou com o programa Mais Educação, proposta do MEC para implantação de escolas integrais pelo país.

Para seguir toda essa trajetória, Thiago considera que as cotas foram apenas um detalhe. Ele teria sido aprovado no vestibular sem a necessidade da reserva de vagas. No entanto, ele entende que as cotas o ajudaram a encontrar sua identidade. "Foi um grande aprendizado. Porque quando você passa como cotista, você recebe uma etiqueta. Está escrito na sua testa: cotista. Passei na cota de pardos e comecei a pensar: o que é ser pardo?". Esse processo levou um tempo. Thiago conta que só veio a se entender como negro após 2012, quando deixou o cabelo crescer. "Foi importante pra me tornar a pessoa que eu sou, com a identidade que eu tenho e com as reflexões que eu tenho". Hoje, o antigo futuro padre é filho de santo em um terreiro de candomblé da nação Ketu. Durante a entrevista, Thiago cumpria preceito após a feitura do santo.

Tensões

Assim como Thiago, o cabelo foi uma questão que perpassou as experiências de vários estudantes cotistas na Uerj. A pesquisadora Vânia Penha-Lopes identificou que, principalmente entre mulheres, os cabelos foram alvo de comentários racistas por parte de outros alunos. Apesar disso, a aproximação entre os estudantes cotistas promoveu transformações também na autoestima desses jovens. Dandara, uma das entrevistadas por Vânia, contou que, quando criança, era chamada de Medusa porque usava trancinhas. Na universidade, as coisas mudaram. "Aprendi a gostar muito do meu cabelo. Assim, quando eu olho pro meu cabelo, eu gosto do modo, da textura, do que eu posso fazer com ele, eu gosto do modo que ele é".

O fortalecimento da autoestima foi fundamental para o ambiente hostil que os estudantes cotistas encontraram na Uerj. A pesquisadora identificou que havia resistência da parte de quem deveria acolhê-los nos primeiros anos de adoção das cotas, e muitos professores duvidavam da capacidade desses estudantes. "A questão é que não perguntaram aos professores o que achavam de implantar as cotas. Alguns ficaram preocupados: 'será que o nível vai cair'? Mas muitos constataram que os alunos cotistas eram muito mais motivados". De fato, os cotistas agarraram a oportunidade na Uerj. De 2003 a 2020, a evasão entre eles foi de 30,5% contra 44% entre os ingressantes de ampla concorrência. O percentual de concluintes também aponta vantagem entre os cotistas no mesmo período: 42% a 30%.

Mas as tensões contra as cotas na Uerj não vieram apenas de dentro da universidade. Uma série de ações na Justiça buscou conceder vagas para estudantes que foram reprovados e atribuíram aos cotistas a reprovação. Em julho de 2009, uma liminar chegou a suspender o sistema de cotas no vestibular a partir de uma ação direta de inconstitucionalidade feita pelo então deputado estadual Flávio Bolsonaro. No entanto, a liminar foi suspensa e, em novembro do mesmo ano, o Tribunal de Justiça de Rio de Janeiro considerou constitucional a lei que instituiu o sistema de cotas.

Quinze anos depois, o sucesso das cotas na Uerj, e também na Uenf (Universidade Estadual do Norte Fluminense), fez com que a Assembleia do Rio aprovasse uma nova lei, a de número 8.121, de 27 de setembro de 2018, prorrogando por mais 10 anos a reserva de vagas. Desta vez, 20% das vagas vão para negros, indígenas e alunos de comunidades quilombolas, 20% para alunos que fizeram o ensino médio na rede pública e 5% para estudantes com deficiência e filhos de policiais civis e militares, bombeiros militares e inspetores de segurança e administração penitenciária, mortos ou incapacitados em razão de serviço.

"A experiência da Uerj ajudou a propagar a ideia [das cotas], até porque, como eu mostro no meu livro, os alunos na sua maioria foram muito bem-sucedidos", avalia Vânia. Mas o ditado popular diz que "santo de casa não faz milagre". Afinal, a história da Estadual do Rio não foi o bastante para incentivar outra gigante da Baía de Guanabara: a Universidade Federal do Rio de Janeiro (UFRJ).

Um *outdoor* localizado numa das entradas da cidade universitária da maior universidade do Rio de Janeiro estampava uma pergunta há muito entalada nos espaços, nas salas de aula e nos laboratórios dos campi cariocas: onde estão os negros na UFRJ? Era novembro de 2021. Mesmo que as cotas raciais tenham sido implementadas em 2013 na maior instituição do Estado do Rio, a pergunta chamava atenção para as histórias que se escondiam por trás deste número: em 2020, apenas 36,6 mil, num universo de cerca de 78 mil estudantes da universidade, se autodeclaravam negros ou pardos.

A iniciativa repercutiu tempos depois, em março de 2022, quando a Câmara de Políticas Raciais da UFRJ e o Sindicato dos Trabalhadores em Educação da Universidade (Sintufrj) promoveram um debate que buscava cartografar as narrativas sobre a trajetória de negros e negras naquele ambiente. A atividade foi parte da campanha "21 dias de ativismo contra o racismo" e elaborou um caderno especial com depoimentos das pessoas negras naquele espaço.

Uma das pessoas que puxa a discussão sobre a diversidade racial na universidade é a servidora Denise Góes, coordenadora da Câmara de Políticas Raciais da UFRJ. Ela pontua que é necessário discutir como o racismo ainda está presente nos processos institucionais, e destaca que uma maior diversidade só será efetiva quando pessoas negras ocuparem espaços de poder na instituição. "É isso que a gente precisa. Se o poder é bom, o negro também o quer. Essas relações precisam ter mais divisão dentro da estrutura institucional".

Diferentemente da Uerj, a UFRJ aprovou sua primeira política de cotas apenas em 2010 – sem, necessariamente, colocar a identificação étnico-racial como um dos condicionantes. A resolução nº 16/2010 definia que 40% das vagas dos cursos de graduação seriam para o vestibular próprio, enquanto 60% seriam destinadas ao Sisu, o Sistema de Seleção Unificada do MEC, que seleciona e classifica estudantes de acordo com as notas alcançadas no Exame Nacional do Ensino Médio, o Enem.

Das vagas do Sisu, 20% seriam reservadas para estudantes que cursaram o ensino médio em escolas públicas. No ano seguinte, quando outra resolução adota o Sisu como único e principal meio de ingressar na universidade, é também estabelecido um novo recorte: 30% das vagas de graduação seriam reservadas para pessoas egressas de escola pública com renda familiar *per capita* de até um salário mínimo. Incluía-se a renda, ignorava-se a raça.

A incorporação das cotas étnico-raciais veio apenas em 2013, depois da promulgação da lei federal, em 2012. Assim, conforme o previsto, pretos, pardos e indígenas puderam concorrer às vagas reservadas para esses grupos para ingressar nos cursos de graduação da instituição.

Ainda que a aprovação das cotas na universidade tenha ocorrido de forma tardia em comparação com as iniciativas de outras universidades brasileiras – e mesmo em relação à vizinha Uerj –, isso não significa dizer que a questão racial não pautava discussões naquele espaço.

Denise, que entrou para a UFRJ em 1989 como assistente social da Faculdade de Odontologia, aos 25 anos, argumenta que as conversas sobre cor e raça simplesmente não existiam na universidade durante a década de 1990. "Essa era uma universidade de elite, criada pela elite e frequentada por ela, onde não havia espaços para muitos negros. A partir daí, a gente militava setorialmente nas coordenações de políticas sociais, tentando fazer a discussão racial para o conjunto da categoria".

No início dos anos 2000, quando Denise assumiu a direção do Sintufrj, o sindicato propôs a criação de grupos de trabalhos antirracismo itinerantes. A ideia era levar a discussão sobre o racismo no ambiente acadêmico e laboral às unidades para, a partir das conversas, propor tomadas de ações a fim de combater tais violências.

"Nós tentamos fazer essa ação que envolvia outras universidades, mas o classismo, mais uma vez, fez com que as pessoas se dedicassem muito mais para um lado", no caso, a discussão da desigualdade social, "enquanto a questão racial ficava em segundo plano", ela lamenta.

A ação, entretanto, foi uma exceção à regra. Eventos que pautavam a negritude naquele espaço ocorriam apenas nas datas voltadas para a consciência negra, como o dia 20 de novembro. Ainda que a aprovação das cotas na Uerj tenha movimentado algumas pessoas com o intuito de fazer com que essa discussão também avançasse na UFRJ, a rejeição por lá era grande. "A universidade tinha uma resistência em entender a necessidade de colocar esse recorte racial, e não fazia uma análise do prejuízo que teve a população negra quando é aprovada a primeira lei de educação em 1837, que vetava os negros dos bancos escolares."

Denise sabe bem dos debates sobre a realidade de pessoas negras que deveriam ser levados para o ambiente acadêmico. Moradora de Nova Iguaçu, da Baixada Fluminense, ela é militante do movimento negro desde 1982, quando, aos 19 anos, ingressou no Grupo Afrocultural 20 de Novembro. "Era um grupo de jovens negros da Baixada, numa época de um genocídio absoluto, quando a gente convivia com grupos de extermínio, que se juntou para fazer uma discussão sobre desigualdades raciais já naquele tempo", ela apresenta. Num segundo momento, Denise ainda integrou o MNU, o Movimento Negro Unificado.

Com o MNU, ela participou da Marcha de 1988, que denunciava o centenário da "falsa abolição" assinada pela princesa Isabel; da manifestação de 1995, por ocasião dos 300 anos do assassinato de Zumbi dos Palmares, que exigia mínimas condições de igualdade entre negros e brancos; e de diversas ações e iniciativas ao longo dessa história.

Por isso, dá o devido crédito às experiências coletivas organizadas por pessoas negras na instituição, responsáveis por pressionar a universidade no sentido da adoção, manutenção e ampliação das políticas afirmativas e da assistência estudantil.

Para se ter uma noção do resultado dessas movimentações, basta recorrer ao Consórcio de Acompanhamento das Ações Afirmativas 2022, coordenado pelo Núcleo Afro do Cebrap (Centro Brasileiro de Análise e Planejamento) e pelo Gemaa do Iesp-Uerj (Grupo de Estudos Multidisciplinar da Ação Afirmativa do Instituto de Estudos Sociais e Políticos da Uerj).

Como eles apontam, em 2012, 63,2% dos estudantes da universidade se autodeclararam brancos, 21,1%, pardos, e apenas 6,6%, pretos. Em 2017, a porcentagem de estudantes autodeclarados brancos caiu para 47,2%, enquanto o de pardos e pretos subiu para, respectivamente, 31,1% e 13,4%. Outro dado que comprova a importância da Lei de Cotas para a atualização desses números está na porcentagem de estudantes que ingressaram pela reserva de vagas em 2017: à época, 70% dos pardos e 76% dos pretos da universidade eram cotistas.

O desafio na contemporaneidade, como conta Denise, é garantir esse direito conquistado depois de muita luta. Por isso, a universidade como um todo e a Câmara de Políticas Raciais, em específico, intensificam esforços para combater as fraudes e garantir que a vaga reservada para uma pessoa negra seja efetivamente ocupada por uma pessoa negra. Mas isso é história para outro capítulo.

CAPÍTULO 4

O canto de Oxóssi: a revolução na Bahia

Como contam as tradições brasileiras de matriz africana, Oxóssi, orixá da caça e senhor da floresta, é avesso à ideia da morte. Sua única flecha certeira é o que garante a sobrevivência dos seus. Por isso, vale-se de grande inteligência e sabedoria para alcançar suas metas e cumprir seus objetivos, ainda que, em teoria, tenha poucos recursos para isso. "No Roncó me recolho e, lúcido, vejo Oxóssi imponente", cantam Os Tincoãs na música "Oxóssi Te Chama". "Envolvido em raios de glória, escutei seu canto".

No início de abril de 2021, Thamires Vieira participou da abertura da primeira edição do Fluxo-Fixo, festival de cinema baiano. Ela, cineasta e produtora cultural, assinava a coordenação geral, a produção, a produção executiva e a curadoria do evento. Como a grande maioria das iniciativas culturais dos anos da pandemia causada pelo novo coronavírus, o festival se desenrolou de forma on-line e gratuita, movido principalmente pela pergunta: como continuar?

Possíveis respostas – e, sempre, mais dúvidas – vinham em forma de filmes, numa seleção que reuniu obras do cinema baiano (mas não só) do presente e do passado. O objetivo era investigar, entre outros assuntos, a presença e a agência dos corpos negros em tela e, a partir dos debates organizados de conversas com cineastas, exemplificar uma das próprias premissas do festival: a valorização da diversidade.

Dados do Grupo de Estudos Multidisciplinares da Ação Afirmativa (GEMAA)[6], núcleo de pesquisa da Universidade Estadual do Rio de Janeiro (UERJ), mostram que, entre os dez filmes nacionais que obtiveram maior público de cada ano entre 1995 a 2021, apenas dois foram dirigidos por homens classificados como pretos ou pardos. Foram eles *M-8, Quando a morte socorre a vida* (2020), de Jeferson De, e *Fim De Festa* (2019), de Hilton Lacerda. Para se ter a dimensão da desigualdade analisada, nenhuma das obras de grande circulação sequer foi realizada por uma mulher negra.

Por isso, entre os convidados da edição, foi ressaltada a experiência de duas diretoras negras, Juh Almeida e Iris Oliveira, e de um homem amarelo, Pedro Nishi.

"Que esses filmes continuem sendo motivos para a gente continuar a estar junto", disse Thamires na mesa de abertura do evento, transmitida pelo canal do festival no YouTube. "O mais importante de tudo isso é pensar o quanto a gente quer continuar: não só a fazer cinema, mas também a pensar os espaços e a conversa a partir dos filmes, com os filmes, com a crítica, a curadoria, a produção e a fotografia".

Mesmo que indiretamente, a fala acaba representando um pouco da trajetória da própria Thamires, também mulher negra, no campo do audiovisual. "O Fluxo nasce muito desse lugar de trazer as minhas experiências enquanto produtora, de entender que existe muita pesquisa naquilo que estou fazendo", conta. Essa experiência é marcada, sobretudo, pela multiplicidade de percursos, habilidades e interesses que narram a sua história profissional. Afinal, quando se é uma pessoa negra num contexto como o da sociedade brasileira, opressor em diversos aspectos, ser pau para toda obra faz também parte do constante exercício de sobrevivência.

---

6 CANDIDO, Marcia Rangel; CAMPOS, Luiz Augusto. Cinema Brasileiro: Raça e gênero nos filmes de grande público. Rio de Janeiro: Grupo de Estudos Multidisciplinares da Ação Afirmativa (GEMAA), 2022.

Nisso, talvez Thamires tenha ouvido o chamado de Oxóssi. "É um exercício difícil, em todos os sentidos, dizer quem eu sou. Mas eu sou Thamires Vieira, de Salvador, Bahia. Sou periférica, nasci no subúrbio ferroviário dessa cidade. Sou a primeira da minha família – uma família de mulheres, de mulheres negras – a entrar na universidade. E eu entro nela pelo processo de cotas para fazer cinema na Universidade Federal do Recôncavo da Bahia".

A Universidade Federal do Recôncavo da Bahia, conhecida por UFRB, é a segunda universidade federal da Bahia. Ela foi criada em 2005, quase 60 anos após a UFBA. A história de desenvolvimento da universidade pode ser localizada dentro do contexto de interiorização do ensino superior, iniciativa que seria consolidada com o Reuni, o Programa de Apoio a Planos de Reestruturação e Expansão das Universidades Federais instituído pelo governo federal, à época, do presidente Lula, em 2007. Dados do Programa apontam que, em seus primeiros dez anos, a Universidade cresceu mais de 200% em área construída, o que possibilitou a abertura de caminhos para a consolidação dos 32 cursos de graduação que hoje oferece, onde estão distribuídos cerca de 12 mil estudantes.

Sediada na cidade de Cruz das Almas, onde antes existia a Escola de Agronomia da UFBA, a UFRB conta com campi em Amargosa, Feira de Santana, Santo Amaro, Santo Antônio de Jesus e Cachoeira, cidade para onde Thamires mudou-se para cursar a graduação. Essa expansão deveu-se à pressão da própria comunidade do Recôncavo Baiano que, desde o século 19, batalhava pela criação de uma instituição de ensino superior na região.

"Se a gente for recortar a Bahia, é uma das regiões que tem mais comunidades remanescentes de quilombos, além de ter o maior número de remanescentes de terreiros do Brasil. Então é como se fosse o berço da nossa ancestralidade, da nossa negritude", reflete a jovem Thamires.

Dessas 32 formações, um curso acabou transformando-se numa das referências nacionais quando o assunto é cinema e audiovisual. Justamente o de Thamires. Num momento em que mais pessoas pretas chegavam à cadeia de produção dos filmes brasileiros – até então, em sua maioria, curtas-metragens que rodavam os principais festivais do país –, também foram tensionadas as estruturas e concepções que norteavam o que significa produzir cinema por aqui. Se, até a primeira década do milênio, "negro" costumava ser apenas uma temática nos filmes nacionais de maior circulação, a partir de meados de 2015 pessoas negras assumiram as decisões criativas na produção de suas narrativas com mais força, volume e vigor. "Tem uma geração de cinema acontecendo", observa Thamires. E ela reconhece o espaço conquistado por pessoas negras nessa onda.

Como explica a professora, pesquisadora e curadora Tatiana Carvalho Costa em texto escrito para o catálogo da 24ª edição do ForumDoc.BH, o Festival do Filme Documentário e Etnográfico de Belo Horizonte, há um movimento crescente que marca as proposições do cinema negro brasileiro contemporâneo. Ela pega emprestada a construção teórica que a historiadora e ativista Beatriz Nascimento fez em torno do termo "quilombo" para nomear o que seria o QuilomboCinema, movimento que "agrega direta ou indiretamente realizadores, pesquisadores, críticos, curadores e produtores que colocam na gira um conjunto de obras e de pensamentos sobre elas e que tensionam a própria noção de Cinema Brasileiro Contemporâneo".[7]

A professora reflete que esse movimento apenas se consolida e se mantém pelo esforço contínuo desses diferentes atores que, ao ocupar e marcar presença nas diversas áreas da

---

7   COSTA, Tatiana Carvalho. QuilomboCinema: ficções, fabulações, fissuras. In: forum.doc.bh.2020 – 24º forumdoc.bh – Festival do Filme Documentário e Etnográfico de Belo Horizonte. Belo Horizonte: Associação Filmes de Quintal, 2020.

produção audiovisual, batalham por espaço e reconhecimento numa arte que é ainda bastante elitizada. Como Carvalho Costa escreve, quando se muda a lógica que rege a produção cinematográfica brasileira, não só outras e diferentes histórias têm a chance de serem adaptadas para a grande tela, mas são também alteradas as próprias bases e epistemologias que ditam o rumo dessas produções.

Parte dessa revolução foi e é contada nas salas de aula da UFRB em Cachoeira, cidade que, contra todas as expectativas, vem se consolidando como um polo de produção cinematográfica nacional – chamada de "Hollywood no Recôncavo" por uma reportagem do Correio 24 horas publicada em setembro de 2019[8]. Foi de Cachoeira que saíram filmes importantes do cinema brasileiro recente, como as produções encabeçadas pela produtora Rosza Filmes. A dupla de diretores formada por Glenda Nicácio e Ary Rosa vem, desde o lançamento de *Café com Canela*, filme de 2017, lançando praticamente um longa-metragem por ano, conquistando prestígio para a região e movimentando a economia e a cultura da cidade.

Thamires trabalhou tanto em *Café com Canela* quanto em *Ilha*, de 2018. Enquanto no primeiro, melhor filme pelo júri popular do 50º Festival de Brasília do Cinema Brasileiro, fez assistência de direção e produção de arte, no segundo, foi produtora. "Não tem nenhum lugar que eu não tenha passado e não tenha feito meu trabalho em Cachoeira. E, paralelo a isso, eu montei uma empresa com egressos da universidade, também estudantes negras, chamada Rebento Filmes", conta. O percurso seguido para que ela chegasse até ali foi, entretanto, longo, e não sem alguns empecilhos.

---

8   FERNANDES, Laura. Hollywood no Recôncavo: Cachoeira se consolida na produção de cinema. In: <https://www.correio24horas.com.br/noticia/nid/hollywood-no-reconcavo-cachoeira-se-consolida-na-producao-de-cinema/>. Acesso em maio, 2023.

A história de Thamires se cruza com a de várias pessoas negras que, por precisarem ser duas, três vezes melhores naquilo que faziam, acumulam funções, trampos e corres. "O trabalho sempre foi mais importante do que o estudo, porque o trabalho tem a ver com sobrevivência. Eu me orgulhava de ter conseguido assinar a carteira de trabalho com quatorze anos."

À época, Thamires era aprendiz administrativa numa empresa de água (onde recebia mais do que meio salário mínimo, como conta), cursava um técnico na área de arquitetura, estudava o ensino médio numa escola pública e fazia um curso de audiovisual na extinta Oi Kabum!, laboratório de cultura digital, arte e tecnologia. "Eu queria fazer todos os cursos que eu pudesse pra poder contribuir com a ideia do que seria a minha carreira". A jornada quádrupla serviu para acender uma centelha. Foi no laboratório que Thamires começou a galgar seus primeiros passos na área do audiovisual.

"Eu não conhecia ninguém da minha rua, da minha família, que tivesse estudado na Universidade. Não conhecia ninguém que tivesse tampouco estudado Cinema. Era um mundo distante, do qual eu fui me aproximando por esses movimentos", Thamires afirma. "E é um movimento que foi incentivado pela minha família, de alguma forma, porque eles não me cobram. O diploma, me cobraram", ela ressalta, rindo, "mas nunca o sucesso. Isso me deixou muito livre para poder ir descobrindo meus caminhos".

O impulso que fez Thamires entender o audiovisual como uma carreira partiu da experiência na Oi KaBum!. Na escola, em certo momento do percurso, os alunos eram incentivados a produzir coletivamente um curta-metragem. Entretanto, por estar focada nas demais tarefas de sua atribulada rotina, Thamires conta que não deu a devida atenção ao projeto final que precisaria desenvolver. "O cinema era muito divertido pra ser verdade, era muito bom pra virar trabalho. Então eu caí muito em termos de produção. Não conseguia dar conta. Era escola, era outro curso na área de exatas, no ramo da indústria... Tudo isso me deixou muito ausente e me fez ficar muito mal no trabalho final".

A percepção era compartilhada por um professor do laboratório que, inclusive, viria a se tornar seu professor na UFRB. "Ele me chamou de lado e falou: olha, você vai sentar aqui e vai ver os outros trabalhos prontos, porque você não se dedicou", ela lembra, citando as palavras do professor: "Você tem potencial, mas não foi a melhor. Você não foi nem de longe o que você poderia ser".

O lugar da crítica construtiva fez com que ela tentasse se envolver mais no restante das demais produções, inicialmente com cuidado: "me envolvendo, mas não tanto". Em vão. A primeira experiência com o set de filmagem acabou transformando não só os olhares da então estudante para a área como também o engajamento dela com a atividade. "Teve uma hora que eu me percebi muito envolvida, tanto que assino um tanto de coisa neste filme: o roteiro, a montagem, direção, produção de não sei o quê... E voltei falando: eu quero isso pra minha vida. Não vou ficar batendo a cabeça, tentando encontrar prazer em ler fórmula e ficar trabalhando no computador com desenho industrial. É isso aqui que me mobiliza".

Depois dessa experiência, escolher cinema foi um processo fácil, meta conquistada também graças às políticas de ações afirmativas e um sistema de cotas que já existia na UFRB. O ano era 2012, justamente a época de sancionamento da lei que garantiria a reserva de 50% de vagas das instituições federais de educação para estudantes de escolas públicas, de baixa renda e, entre eles, pessoas negras.

Contudo, como explica a professora Dyane Brito, atual diretora do Centro de Artes, Humanidades e Letras da UFRB e ex-coordenadora de Políticas Afirmativas da instituição, a universidade já nasceu, ainda em 2005, com uma Pró-Reitoria de Políticas Afirmativas e Assuntos Estudantis e com um mecanismo de reserva de vagas.

"A UFRB inova e vai ser a primeira universidade do Brasil a ter essa pró-reitoria", ela explica, reforçando o modo como a política de ações afirmativas era pensada de forma conjunta entre as ações de ensino, pesquisa e extensão, e, também, na própria estrutura administrativa do espaço.

"Por ser também a segunda universidade federal aqui nesse espaço, a UFRB vai ter no seu corpo discente um percentual altíssimo de pessoas jovens do Recôncavo Baiano, daqueles lugares, inclusive, onde o acesso era muito difícil", ela conta, compartilhando as memórias de quem está na instituição desde 2010. "Jovens das comunidades rurais e tradicionais começaram a ver, na universidade, uma possibilidade de mudança de vida". Nos primeiros anos da UFRB, era comum chegar nas salas de aula e ver que, dos alunos, muitos representavam os primeiros da família a entrar no ensino superior.

Ela observa três elementos que constituíram esse início; pontos comprovados pelos primeiros censos feitos na instituição. Era, afinal, um público que vinha do próprio Recôncavo, visto que muitos deles não tinham condições econômicas de estudar na capital baiana; e compunham uma comunidade que era majoritariamente negra e majoritariamente feminina.

A título de comparação, segundo o último censo realizado pelo IBGE, o Instituto Brasileiro de Geografia e Estatística, em 2010, Cachoeira contava com uma população de 32.026 pessoas. Dessas, mais de 27 mil se autodeclaravam negras (pretas ou pardas) – aproximadamente, 84% da população da cidade.

"E eu ouvia essas jovens dizendo que suas mães ou avós foram a Salvador pela primeira vez como trabalhadoras domésticas. Esse era o futuro esperado para mim. Não tinha maiores condições aqui e a universidade era um sonho quase impossível", conta a professora.

Esse sonho começa a se tornar realidade também com o auxílio do Sisu, o Sistema de Seleção Unificada do MEC, o Ministério da Educação. Implantado nas universidades brasileiras a partir de 2010, o sistema foi o principal responsável por, ao considerar a seleção apenas com base na nota do Enem, um exame a nível nacional, diminuir a existência de vestibulares locais e específicos e promover, nas instituições federais de todo o Brasil, um maior intercâmbio entre estudantes de diferentes localidades e regiões.

Para Thamires, o Sisu foi o que possibilitou seu acesso a diferentes realidades, "fora de Salvador, fora da Bahia, fora do subúrbio. Eu começava a falar de uma Salvador que os meus colegas nunca viram", ela reflete. Esse é um dos exemplos que justificam a posição da professora Dyane Brito, que considera a UFRB como a maior política pública que chegou à região.

"Enquanto existir racismo, existirá a luta antirracista. E, na luta antirracista, a proposição de políticas afirmativas." A afirmação é da professora Rita de Cássia Dias, coordenadora do programa interdisciplinar Cultura e Negritude da UFRB.

A política é, segundo a professora, um divisor de águas na sociedade brasileira. "Há uma universidade pensada antes das políticas afirmativas, que é elitista, excludente e sectária, que segmenta os conhecimentos e os sujeitos detentores do conhecimento, e há uma universidade pós-políticas afirmativas, pós-cotas, que passa a se pensar a partir da presença dos sujeitos dessa política. Esses novos sujeitos fundam uma nova universidade, instituem uma outra forma de ver, construir e constituir o conhecimento", ela conta. "Todas essas outras identidades e pertencimentos mudam, por dentro, a estrutura da universidade. Ela passa a ser interpelada nos seus modos de difundir, construir e validar os conhecimentos que passam a ser circulantes em seu meio".

Essa transformação ocorreu na vida e nos espaços que Thamires circulou durante a graduação. "Entrei muito a fim e muito séria. Eu não tinha muito tempo para perder com outras coisas", ela conta. "Então eu queria descobrir, queria fazer o que não sei. Corri atrás, também nessa tentativa para poder me encaixar. E o que me dava acalanto era o lance do cinema brasileiro".

Thamires brinca ao lembrar que, na matéria de cinema brasileiro, o primeiro trabalho que fez era relacionado a Amácio Mazzaropi, o eterno Jeca Tatu do cinema de comédia. "Eu lembro que alguém, algum avô ou tio, assistiu ao Mazzaropi, e foi essa a referência que eu trouxe".

Foi ainda na universidade que Thamires passou a ser lembrada constantemente de que era uma pessoa negra. "Aí você começa a entender as violências institucionais", ela explica. "Porque, até então, todos os meus trânsitos não me colocaram em questão sobre a minha negritude. Na escola pública que eu sempre estudei, todo mundo era negro, morar no subúrbio, entrar no ônibus cheio... A vida que eu sempre tive e as pessoas que me cercaram ali não eram muito diferentes de mim. E aí, veio o cinema".

Os efeitos dessa situação puderam ser observados dentro da sala de aula, em alguns momentos de sua trajetória. Tanto em questões mais pontuais – Thamires relata, por exemplo, que alguns dos seus colegas de turma passaram a se lembrar dela apenas dois anos após a sua entrada, quando ela chegou em sala de cabelo cortado, descolorido e alisado – quanto nas dificuldades estruturais que ela precisou enfrentar durante o curso.

Uma dessas ocasiões ocorreu logo no segundo semestre de aula, numa disciplina continuada de desenvolvimento de roteiro. A ideia era finalizar um roteiro para assim iniciar a produção de um filme. Dos projetos da sala, os professores escolhiam os quatro melhores roteiros que, no próximo período, seriam rodados. "Os grandes nomes saem dessa disciplina. As apostas", Thamires conta. E ela foi uma das escolhidas, mesmo sem ter tido muito tempo para desenvolver o roteiro da forma que queria, visto que a quantidade de trabalho que tomava o seu tempo não se reduziu com a entrada na faculdade. Era a única mulher e a única mulher negra entre três homens brancos.

"A própria professora comentou: o seu roteiro é bom, mas não está muito concluído, porque parece que você fez correndo", ela conta. "E eu tinha feito correndo!". Ainda assim, mesmo com as tantas incumbências que batiam à porta, Thamires queria produzir o filme da melhor maneira possível. Não imaginaria, contudo, a dificuldade para conseguir formar uma equipe: a grande maioria das pessoas da sala queria integrar o "filme dos *boy*", como ela dizia. "Acabou que eu fui para todos os *sets*. Não assino produção diretamente, mas eu fiz questão de estar em todos os filmes. E esse movimento me fez ficar amiga das pessoas".

Mesmo com os empecilhos, Thamires ganhou nota máxima com o filme pronto. A história girava em torno de um beco em que ela passava ao retornar da faculdade para sua casa. "Havia um processo fabuloso nesse beco", ela lembra, contando que o espaço funcionava como um portal que permitia a quem passasse ali transformar-se em alguém diferente de quem era. Nisso, ela e sua equipe mobilizaram diversas pessoas da cidade – precisou filmar uma procissão cenográfica, por exemplo – e conseguiram discutir infância, sexualidade e fantasia de uma forma não convencional, brincando com intervenção gráfica e pensando outras possibilidades de linguagem para contar o que estava sendo proposto.

"E eu não tenho nem o resquício dessas imagens, de tão violento que eram essas questões na UFRB", ela lamenta. Como na época ela não dispunha de um HD externo para guardar o filme, equipamento com capacidade para o armazenamento de grandes dados, o filme acabou se perdendo entre os arquivos da Universidade. "Pode ser que na posteridade ele apareça".

Por não ter conseguido acessar a política de assistência estudantil no primeiro período de faculdade, Thamires precisou aumentar muito o seu volume de trabalho. "Mas, na sequência, eu fui aluna bolsista de permanência de projeto. No meio disso, fui me envolvendo com todos os projetos que podia". Ela os enumera: quatro projetos de extensão, do Cineclube Mário Gusmão ao CachoeiraDoc, festival de documentário da cidade; um grupo de pesquisa, que também desembocou noutro festival, chamado Paisagem Sonora; o coletivo Angela Davis, descolado do cinema, mas ligado ao movimento de ativismo em gênero, raça e subalternidades em Cachoeira; e o Tela Preta, coletivo criado por ela e outros amigos para difundir os profissionais do audiovisual preto e o cinema negro baiano. "Eu me meti com tudo que podia".

Quem conhece a formação em Cinema sabe o quanto ela exige. Cursos, em sua maioria, em horário integral, equipamentos caros e jornadas sem muita segurança financeira são algumas das características que afastam as pessoas mais pobres da área. Talvez seja por isso que uma colega do curso de Serviço Social tenha chamado Thamires de "alienada". "Quando você entra numa sala de um curso de cinema, você sabe que o seu corpo é um corpo estranho, você vê que você não tem tantos pares".

São poucos os amigos ou colegas negros, especialmente, mulheres negras, que conseguiram fazer seus filmes durante ou após o curso. "Ou que conseguiram fazer alguma coisa", conta Thamires, reforçando que são minoria as pessoas que conseguem permanecer e não ser engolidas pelas violências estruturais desse espaço. "As pessoas negras estão desaparecendo. Elas existem, algumas até chegaram a concluir a universidade, mas você não consegue saber o que elas fazem hoje ou o que elas fizeram ali durante o tempo em que estavam, você não sabe o quanto elas conseguiram aproveitar desse espaço".

O desafio de expansão e consolidação das políticas afirmativas é algo que perpassa o pensamento das professoras Dyane Brito e Rita de Cássia Dias. Para a segunda, é preciso batalhar por um futuro democrático que permita que as pessoas negras possam ter sonhos e projetos de vida. "Nós estamos assegurando hoje não somente o nosso próprio futuro como um direito aguerrido ao corpo vivo, mas nós estamos garantindo o futuro das novas gerações", diz Cássia Dias.

Brito reforça que é preciso muita luta para garantir a permanência dessas políticas "que já estão mudando a cara desse país". "A gente olha para os egressos do curso e para o mundo do trabalho e vê pessoas em lugares que elas não estavam antes. Então, de fato, e os dados estão mostrando isso, temos uma mudança significativa a partir da Lei de Cotas no ensino superior brasileiro. A gente precisa não somente manter isso como ampliar em outros aspectos e garantir os avanços que conseguimos até aqui", ela ressalta.

Por essas e outras razões, Thamires gosta de pensar o cinema enquanto espaço de disputa política que é construído e reconstruído diariamente. Ela pauta discussões do tipo com os seus trabalhos, seja por meio do coletivo que ajudou a fundar, o Tela Preta, seja nas mostras, festivais e cineclubes que organiza. Essa atitude pode ser exemplificada com uma ação que realizou junto ao Cineclube Mário Gusmão, cineclube que carrega o nome de um ator negro que nasceu em Cachoeira em 1928: em determinada edição, a equipe saiu dos espaços tradicionais de exibição e espalhou a mostra que haviam programado em diferentes pontos da cidade. Ocorreram sessões tanto na Praça do Canhão, lugar central de grande circulação de pessoas, quanto nas periferias da cidade, para citar dois exemplos.

"Esse é o cinema que eu acredito. Um cinema que tenta furar bolha, que tenta não repetir a lógica, que tenta perguntar", ela reflete. E ressalta: "eu acredito muito no cinema negro, mas não num cinema negro que substitua as pessoas brancas por pessoas negras". Com isso, reforça uma predileção por tentar mudar a lógica que guia o cinema, levando sempre as complexidades das subjetividades negras debaixo do braço.

"Nessa brincadeira já foram dez anos. É uma história de dez anos sendo construída assim, a tijolinhos", diz Thamires, aquela que sonha com um dia poder ficar descansando ou focando em apenas um projeto durante um semestre. Enquanto isso não é possível, ela continua.

Como? Os filmes dirão. Basta ouvir Oxóssi cantar.

CAPÍTULO 5

Teias de Ananse: as ações afirmativas no Pará

Na primeira vez que Daniele Bendelac Pinheiro pisou no campus da Universidade Federal do Pará (UFPA), em Belém, estava com a avó paterna, Neida Gomes Pinheiro, a avó Bida. O dia marcou a história da menina que descende de famílias negras por parte de pai e mãe. Vinda de troncos genealógicos formados por homens que trabalhavam na lavoura e mulheres que exerciam o trabalho doméstico, ela foi a primeira da família a ingressar no ensino superior. A grandiosidade das edificações chamou atenção da jovem que viveu com as avós em casas modestas.

"Chegar lá foi incrível. Tu vê um local imenso. Quando conheci a faculdade que estudaria foi incrível. Eram dois prédios. Nunca tinha visto aquela estrutura na vida. Prédios tão grandes", recorda-se a jovem que havia até então vivido entre a cidade de Baião e o quilombo de Umarizal.

A avó paterna e a tia a acompanharam no dia em que Daniele foi se habilitar para o curso. Para as três gerações, pisar naquele campus era simbólico; era o acesso à educação formal em uma das mais conceituadas universidades do país. "Minha avó ficou muito feliz. Minha avó nunca tinha entrado em uma universidade. Foi a primeira vez que ela entrou. Ela foi comigo, porque eu consegui passar. Não estava lá para limpar. É como se tivéssemos caminhado tanto tempo, pensando em desanimar, e tivéssemos chegado no topo com toda a sua família".

Naquele dia, ela tomou o ônibus ofertado para os estudantes conhecerem o campus. "Era fora da realidade do que um dia eu imaginei que poderia ser o curso de uma universidade federal. Aquilo foi novo. Nas salas, cadeiras modernas, o quadro. Tudo foi incrível. Muito emocionante ver tudo aquilo. Foi inexplicável". Daniele também se recorda de ver, naquele primeiro dia, filhos de famílias para as quais a avó trabalhou como doméstica.

Daniele nasceu em 2 de novembro de 1997, 109 anos depois da abolição da escravatura no Brasil. Quase dez anos antes do nascimento da menina, em 5 de outubro de 1988, a Carta Magna garantiu o reconhecimento das terras de seus pais que são quilombolas, Rivaldo Gomes Pinheiro e Delcineide Bendelac. Foram cem anos para que o direito dos quilombolas aos territórios fosse reconhecido.

Quando os pais de Daniele se uniram, a mãe vivia em Baião, onde trabalhava como empregada doméstica. Embora a mãe fosse quilombola, a menina nasceu no município, onde a família permaneceu por dois anos, mas, ainda na infância, retornou à comunidade de Umarizal, que fica a duas horas de barco do município de Baião, a cinco horas de Belém, capital do Pará. O vilarejo está localizado entre Cametá, Tucuruí e Oeiras do Pará, a 520 quilômetros da capital. A mãe se separou do companheiro, retornando com Daniele e os irmãos para próximo da avó, Onedina Bendelac, que vive no quilombo.

A comunidade, às margens do Rio Tocantins, recebeu a certidão de autorreconhecimento em 03 de outubro de 2006 pela Fundação Cultural Palmares. Apesar de ter nascido em uma das comunidades quilombolas mais tradicionais do Pará, a menina nem sempre se enxergou como negra. "Tornei-me uma mulher negra vendo minha história, vendo todo o meu processo de desconstrução, tendo que reconstruir tudo que nos foi negado na questão da identidade, desde o cabelo até a questão histórica por ser descendente de uma comunidade", disse. Na infância, no entanto, os traços que a tornavam parte de um povo eram negados.

Na área rural, as famílias se dedicam à lavoura para o sustento da comunidade quilombola de Daniele. O vilarejo guarda formas próprias de organização, a tradição de fazer beiju, uma iguaria de origem indígena. As famílias convivem próximas umas das outras em casas sem muros ou cercas. As habitações rústicas, de taipa ou de palha, dão lugar a casas que buscam mais conforto na alvenaria. As janelas e portas são feitas com madeira, organizadas a formar desenhos geométricos muito parecidos com a trama de cestos de palha. Os tijolos ganham lugar nas casas antes feitas de barro e cobertas com palha de ubim, mas algumas casas são feitas de madeira e cobertas por telhas. Na área rural, os moradores cultivam alimentos nas lavouras e criam animais domésticos como galinhas, cachorros e gatos.

Os primeiros anos escolares da menina foram cursados, no quilombo, na Escola de Ensino Fundamental de Umarizal. Nesse tempo, ela foi viver com a avó paterna no município de Baião. A irmã ficou na comunidade quilombola com a avó materna. Essa foi a alternativa encontrada pela mãe de Daniele, que teve que buscar trabalho como empregada doméstica em outros estados. No tempo em que ficou no município de Baião, estudou na Escola Professor Abel Chaves. Nesse período, a menina vivia no fluxo de cidade e interior, na ida e vinda entre Baião e Umarizal.

A necessidade de ora estar com a família paterna ora estar com a família materna trouxe instabilidade na educação da menina. Embora os amigos e familiares estivessem em Umarizal, ela teve que estudar na escola da cidade por um tempo. "Mais difícil na questão escolar foi não poder ficar na comunidade estudando. Todos os meus amigos estavam na comunidade, eu queria ficar. Meus amigos estavam lá. Não tinha amigos na cidade". A menina não tinha muitas oportunidades para conhecer e se entrosar com os colegas da cidade. Embora estudasse em Baião, no período de férias, ela retornava ao quilombo.

A família paterna, também negra, era pobre, de poucas posses. Na família, na cidade ou na comunidade, ela não tinha vida de conforto; as casas eram simples e o dinheiro era a conta. "Eu lembro que, em diversas situações que vivi na cidade, as pessoas te intitulam. Não só os colegas, era uma definição escolar. Tinha que mostrar o tempo todo que era boa o suficiente para conseguir tudo". Embora uma parte na casa da cidade fosse de alvenaria, algumas paredes eram de madeira. "Usávamos algum tipo de material para fechar o buraco. A gente morava na cidade, que era desenvolvida, mas numa casa que não seguia os padrões. Era realmente muito complicado. Eu não mostrava para os outros colegas onde eu morava".

A avó foi uma inspiração para Daniele. "Minha avó conseguiu tirar o ensino médio, que era o sonho dela, quase se aposentando. Quase perto de se aposentar, ela conseguiu tirar o estudo dela. Ela com meu tio e minha tia, estudaram juntos."

Ao longo de toda trajetória escolar, Daniele percebia o preconceito dos colegas por ela vir de uma comunidade quilombola. No ensino superior, a questão ficou mais evidente. Daniele foi aprovada para o curso de Engenharia Naval pelas ações afirmativas para indígenas e quilombolas.

No entanto, quando estava no sétimo período, percebeu que o curso não atenderia suas aspirações profissionais. Ela não estava satisfeita, embora já tivesse concluído mais da metade do curso.

Daniele mudou de Engenharia para Geografia. Como ela não poderia fazer novamente a prova do programa de ações afirmativas para indígenas e quilombolas, o caminho foi tentar conseguir nota suficiente no Exame Nacional do Ensino Médio (Enem) para tentar entrar por cotas raciais. Nesse meio tempo ela engravidou.

No período da pandemia de Covid-19 e durante a gravidez, ela se sentiu muito pressionada no curso de Engenharia Naval, o que a levou a refletir se valeria a pena seguir em frente. "Não poderia atuar diretamente no que queria, porque o curso não dava a amplitude que eu queria. Comecei a estudar e pensar em outros cursos e encontrei a Geografia, que me daria possibilidade multidisciplinar que a Engenharia Naval não poderia me dar", afirmou. No entanto, ela não afasta a possibilidade de retornar para concluir.

Ela conciliou o estudo no curso de Engenharia, a preparação para o Enem e a gravidez. "Se você é pobre, não pode ter opções. Você simplesmente não pode desperdiçar a oportunidade. Quando você é pobre, tem que agarrar com todas as forças aquelas oportunidades dadas. A sociedade ainda vê que você não tem esse privilégio de escolher, de mudar. Então tive que lutar contra todo esse sistema que te oprime desse modo. Consegui passar, inclusive em outras universidades, mas dei prioridade para o curso de Geografia à noite, como eu queria".

Ela acredita que ter cursado Engenharia Naval permitiu mais êxitos no novo curso. "Eu já tinha experiência em pesquisa, tinha feito intercâmbio". Ela lembra que não tem bolsa, e o marido estuda Engenharia Elétrica e ingressou nas ações afirmativas. Sem dinheiro, tiveram que recorrer aos parentes, que também estavam com poucos recursos financeiros. A saída foi vender brigadeiro no restaurante da universidade, o que a ajudou a concluir o primeiro semestre de Geografia. Ela conseguiu fazer monitoria em um grupo de pesquisa que estuda o protagonismo das mulheres quilombolas. Está no quarto semestre de um curso de oito.

Nos primeiros meses, quando foi aprovada na UFPA, a jovem viveu em uma república, opção mais em conta para que pudesse se manter economicamente. Ali ela morou por um ano até conseguir auxílio e bolsa de extensão, uma vez que não podia contar com a ajuda dos pais. "Meu pai recebia um recurso do governo, porque tem problema na perna. Foi muito difícil. Não dava para manter a casa na cidade e me manter. Ele mandava duzentos reais para eu passar o mês. Tinha que aprender a me administrar".

No entanto, o aperto financeiro não era o único desafio da jovem para se manter na universidade pública. Mais uma vez, o preconceito trazia obstáculos para a formação. "A questão racial foi muito difícil. Fui barrada no portão da universidade. Mesmo sendo negra de pele mais clara, com cabelo solto, de sandália, não estar no padrão, o preconceito vem. Isso agrava o problema", diz. Ela se recorda que não foi apenas uma vez que foi barrada no portão do campus da UFPA em Belém. "Imagina o portão de uma Federal. Vários alunos entrando, fluxo enorme e os seguranças pararem somente você e perguntarem o que você foi fazer lá dentro. Por que eu? Não foi só uma vez".

Os estudantes quilombolas costumam ficar juntos. "Quando a gente estava junto, às vezes nos paravam e perguntavam o que estávamos fazendo lá. Cansei de todas as vezes que tive que apresentar o atestado de matrícula dentro da instituição. Não podia esquecer a carteirinha. Se a gente estivesse com a carteirinha da Federal, a gente apanhava menos." Os jovens quilombolas cotistas moram na periferia de Belém em um bairro próximo ao campus para não terem que pagar passagem e em razão do preço do aluguel das quitinetes.

"Era local que as pessoas consideravam perigoso, mas para a gente era favorável, porque era barato. A gente saía de lá para jogar bola; cansei de ver meus amigos serem parados pela polícia. A gente sempre tinha que ter carteirinha de estudante. Eles diziam que a gente apanhava menos. Aquilo fixou para mim. Então, sempre andava com minha carteirinha de estudante. Quando perdia ou era roubada, ficava muito assustada. Era como se fosse um passaporte".

A jovem sofreu com ataque dos próprios colegas. Ela se recorda de um episódio em que caminhava nos blocos dos cursos de Engenharia quando foi parada por colegas que disseram que ali não era seu lugar. "Na época eu usava *dreads*. Puxaram meu *dread* e eu caí. Alunos de outra engenharia. Foi muito difícil. Fiquei pensando o que eu estava fazendo naquele lugar, se nem naquele lugar me aceitavam. Parada no portão e comprovar toda hora que tu merecia estar ali dentro por um direito teu. A gente se fortaleceu e tínhamos respostas para esse tipo de questionamento, mas devido a esse tipo de situação de violência, tive que criar uma armadura, uma proteção, para aguentar todas as opressões."

A jovem pôde entender melhor o curso de Engenharia Naval quando estava na universidade. "Usava muito embarcações. Tinha aquela curiosidade em relação a isso". A partir daí passou a gostar do curso. "Tinha que ter esse olhar, não só para a gente, mas que pudesse beneficiar a comunidade. Foi uma escolha que não foi simples. Mas não sabia que era o segundo curso mais difícil de se formar na instituição".

O ingresso na universidade pública, apesar de todos os obstáculos econômicos e das situações de preconceito enfrentadas, é um divisor de águas na vida da jovem. "Tenho a oportunidade de ter uma carreira, trabalhar na área, mas o conhecimento é fundamental para poder aplicar na realidade vivida, por exemplo, em minha comunidade quilombola". As cotas foram fundamentais para que ela pudesse estudar em uma universidade pública. "As cotas eram como se alguém falasse: 'agora é a sua vez. Você tem possibilidade de conseguir'". Os pais não tiveram possibilidade de aprender a ler e a escrever. "Somos muitos na universidade", diz.

Antes de março de 2020, quando foi decretada a pandemia do novo coronavírus, a rotina da jovem era voltada para a formação na universidade. Acordava às 7h30 e ia para o campus em Belém, onde ficava até as 13h. Almoçava na instituição. Lá encontrava outros estudantes quilombolas. "Como vínhamos de uma mesma realidade, conversávamos, víamos a dificuldade um do outro. Uns ajudavam os outros. A gente se ajudava". Depois retornava para casa para estudar.

Com a pandemia, as aulas passaram a ser remotas, e ela enfrenta problemas como a falta de sinal de internet. "Dentro da comunidade, não temos toda a organização de horário que a gente tem na cidade. A gente precisa fazer algumas coisas. O tempo se tornou mais curto e cansativo. As aulas começam às 7h30 e a gente tem que contar com as questões climáticas, questões de saúde."

"Na pandemia, é mais complicado. Se você ficar doente numa comunidade que fica a duas horas de barco do município, a cinco horas da capital, é extremamente difícil. Não é fácil", conta. Ela estuda de manhã, mas se chover, a internet fica ruim e não dá para acessar a aula. "Se a energia cair, não tem como", ela diz.

A UFPA adota cotas desde o processo seletivo de 2008. Primeiro foram adotadas as cotas sociais com a reserva de metade das vagas para quem estudou todo o ensino médio na rede pública de ensino. Desde o começo, a universidade previa vagas específicas para quem, além de estudar na rede pública, também fosse negro. As cotas raciais se destinam a pretos, pardos e indígenas.

As cotas e a UFPA

A Universidade Federal do Pará (UFPA) se orgulha de ter adotado o sistema de cotas no processo seletivo quatro anos antes da aprovação da Lei Federal 12.711 de 2012. Desde 2008, o sistema reserva 50% das vagas para quem estudou o ensino médio na rede pública. Dentro das vagas destinadas aos estudantes de escolas públicas, são ofertadas subcotas racial, por renda e PcD (pessoas com deficiência). A universidade usa o termo "cota racial" para pretos, pardos e indígenas. Para famílias com renda *per capita* de até 1,5 salário mínimo, é a "cota renda". Para pessoas com deficiência, é a "cota PcD".

O sistema de cotas da UFPA se consolidou com a aprovação da lei federal 12.711. A forma de entrada para o sistema de cotas era o vestibular no período de 2008 a 2011. A partir de 2012, passa a ser o Exame Nacional do Ensino Médio (Enem). Em 2003, o Grupo de Estudos Afro-Amazônicos, um dos Núcleos de Estudos Afro-Brasileiros, propôs reserva de vagas para indígenas e quilombolas, com processo seletivo distinto do vestibular e do Enem. Em 2009, a proposta de vagas para indígena foi aprovada e, em 2012, a proposta de vaga para quilombola também.

A UFPA foi criada em 2 de julho de 1957, em lei sancionada pelo presidente Juscelino Kubitschek de Oliveira. Unificou faculdades federais, estaduais e privadas de Belém: Medicina, Direito, Farmácia, Engenharia, Odontologia, Filosofia, Ciências e Letras e Ciências Econômicas, Contábeis e Atuariais.

A primeira proposta de um sistema de cotas para a UFPA foi elaborada em 2003 pelo NEAB (Grupo de Estudos Afro--Amazônicos), cofundado pela professora Zélia Amador. A proposta ficou parada até 2005. Quando chegou ao conselho da universidade, foi modificada e aprovada. Na forma que foi aprovada, estabelecia 50% de vagas para escola pública, sendo que dentro desses 50%, 40% se destinavam a pessoas negras. "Essa não era a nossa proposta. A aprovada vincula a vaga para negras e negros à escola pública. A nossa proposta não vinculava e era 20% das vagas para negras e negros. No conselho foi modificada".

Embora tenha sido aprovada em 2005, o sistema foi implementado em 2008 em função da forma de ingresso ser por processo seletivo seriado. Ela só poderia ser implementada no último ano do processo seletivo seriado, conforme determinação do Ministério Público. "Em 2008, a universidade começa com essa proposta que foi aprovada em 2008 e vai com ela até 2012, quando é aprovado em agosto a Lei 12.711 e a universidade adota regras da Lei de Cotas".

Na reserva de vagas para indígenas e quilombolas, os candidatos realizam processo seletivo específico: a escrita de uma redação sobre sua vida cotidiana e entrevista para verificar pertencimento. "Desde lá, a universidade oferece vagas para indígenas e quilombolas que fizerem esse processo seletivo especial." Daniele Bendelac fez o processo seletivo especial de indígenas e quilombolas.

Tanto o sistema de cotas como a reserva de vagas para indígenas e quilombolas mudaram a cara da universidade. "A UFPA hoje tem outra cara. Antes, a cara era a da classe média branca. Na atualidade, a universidade tem alunos indígenas, quilombolas. Eles não só são alunos, se organizaram em associações e participam dos conselhos e participam da luta estudantil, nos DCEs e Centros Acadêmicos", destaca.

Apesar da presença de quilombolas e indígenas no Pará, essa diversidade cultural não era espelhada na universidade, entre os alunos nem no currículo dos cursos. No Pará, são mais de 336 comunidades quilombolas. "Somos o terceiro maior estado em número de comunidades quilombolas", pontua.

Uma mestra contadora de histórias

A família de Zélia Amador de Deus saiu da Ilha do Marajó em direção a Belém, no Pará, com um único propósito: "Ouvi muitas histórias dos negros que serviam aos brancos da casa-grande. Minha avó não queria isso para mim. Eu devia estudar, por isso viemos para Belém".

Zélia nasceu em 1949 na Ilha do Marajó, no Pará, num lugar chamado Salvaterra. mas, quando ela nasceu, era município de Soure. Quando tinha um ano e meio, sua família, como parte do movimento de êxodo rural na região Norte do país, se mudou para a capital paraense. Zélia foi criada pelos avós.

O desejo da avó Francisca se realizou: Zélia se tornou doutora em ciências sociais e professora da Universidade Federal do Pará (UFPA). Desenvolveu, paralelamente à carreira acadêmica, trajetória nas artes como atriz e diretora de teatro, e tornou-se militante do movimento negro.

É uma das fundadoras do Centro de Estudos de Defesa do Negro do Pará (Cedenpa) e do Núcleo de Estudos Afro-Brasileiros (NEAB), Grupo de Estudos Afro-Amazônicos.O Cedenpa integra a Coalizão Negra por Direitos, organização fundamental na mobilização Cota Mais Dez pela manutenção da Lei Federal das Cotas.

"Dez anos é uma geração. É muito pouco para você discutir desigualdade que se acumula, praticamente, em cinco séculos", diz ela. Zélia defende a mobilização de toda a sociedade pela continuidade das cotas, entende a importância de engajamento de diversos segmentos nessa luta, mas reforça que o sistema de cotas só existe por causa da mobilização do movimento negro.

"Não fosse o movimento negro, esse projeto não existiria. Não teria sido aprovada a lei. Não foi aprovada do jeito que o movimento propôs, mas foi aprovada pelo Estado brasileiro, e a aprovação do projeto implica que o Estado brasileiro reconheça que existe racismo e discriminação racial que causam intensas desigualdades raciais no país, em todos os campos da vida. O campo da educação é muito caro para o movimento negro. A educação agrega cidadania".

Zélia ingressou como professora na Universidade Federal do Pará em 1978, onde construiu carreira e trajetória de militância. Ela escolheu atuar nas artes, considerado um campo elitista, embora reconhecidamente essencial para ressignificar a vida. No Instituto de Ciência das Artes, tornou-se parte do corpo docente da Faculdade de Artes Visuais da universidade. Nessa faculdade, trabalhou com história do teatro e história da arte. Dentro da universidade, exerceu militância juntando-se a outros pesquisadores negros e criando o NEAB – Grupo de Estudos Afro-Amazônicos em 2003. "Como todas as universidades brasileiras, a Universidade Federal do Pará, em 1968, era um espaço branco, eurocêntrico".

No currículo de artes africanas, vai encontrar arte africana e arte da diáspora. Vai encontrar artes visuais afro-brasileiras. "Custou, mas um dia a gente consegue. Não é um trabalho fácil, porque implica mudança de mentalidade, de você ganhar parceiros para suas causas". As artes são um campo elitista. Currículo aprovado, ao invés de começar pela arte ocidental, começa a estudar pela arte africana e arte da diáspora. "Fizemos reviravolta do estudo de história da arte".

No livro *Ananse tecendo teias na diáspora – uma narrativa de resistência e luta das herdeiras e dos herdeiros de Ananse* são apresentados os vários "eus" de Zélia: "uma mestra contadora de histórias, uma militante do movimento negro, uma artista, grande mãe, pequena 'jita' que saiu da ilha do Marajó para se tornar uma Grande Senhora do Movimento Negro no Brasil e pelo mundo".

Nessa publicação, Zélia escreve sobre ações afirmativas. Como pesquisadora e acadêmica, o texto segue a escrita acadêmica, mas duas facetas que a completam também se apresentam na escrita. Da formação como atriz e diretora, ela busca inspiração para o formato: é apresentado em forma de auto teatral – com apresentação dos atos, do protagonista e da antagonista.

Do saber ancestral é de onde vem o título do livro. Ela cita uma frase da avó: "Não! Não se deve matar uma aranha! Essa aranha pode ter mãe. A mãe dela pode ser uma deusa. Ela pode ser filha de Anansia". A professora, então, engendra esses três saberes – da academia, das artes e da cultura popular – para apresentar o mito de Kwaku Ananse, o Homem Aranha.

Trata-se de um conto de origem africana que, conforme a professora demonstra, resistiu à travessia dos negros escravizados no Oceano Atlântico e se tornou base dos negros no Marajó. Em um tempo em que todas as histórias da Terra estavam sob o domínio do Deus do Céu, Nyame, Ananse precisava cumprir uma tarefa para que pudesse ter histórias para contar em sua aldeia. Para entrar na morada do deus, Ananse teceu uma imensa teia de prata que ia do chão até o céu. Zélia também faz uma tessitura como pesquisadora: ela apresenta o racismo, questiona a chamada democracia racial brasileira e demonstra como os "herdeiros e herdeiras de Ananse" atuam.

A atuação de Zélia se dá exatamente no campo da educação. Ela é uma das que se empenharam para a aprovação do sistema de cotas e reserva de vagas para quilombolas e indígenas na UFPA. Em função desse histórico, ocupa a posição de assessora de diversidade e inclusão da universidade onde lecionou.

CAPÍTULO 6

A implantação das cotas na maior universidade do Brasil

No dia 11 de agosto de 2022, milhares de pessoas se espremiam no pátio e na área externa da Faculdade de Direito do Largo de São Francisco, da Universidade de São Paulo, na capital paulista. O evento marcou a leitura da "Carta às Brasileiras e aos Brasileiros em defesa do Estado Democrático de Direito", iniciativa de professores e estudantes da instituição em resposta aos ataques contra a democracia proferidos pelo então presidente da República Jair Messias Bolsonaro. A leitura repetiu ato realizado em 1977, que conclamava pelo fim da ditadura militar e pela convocação de uma Assembleia Nacional Constituinte.

No meio de professores e professoras da escola centenária, chamou a atenção o discurso de uma jovem negra de 19 anos, de cabelos longos e cacheados. "Somos jovens negros, periféricos, fruto das universidades públicas, das quebradas e das favelas", disse Manuela de Morais, presidente do Centro Acadêmico XI de Agosto. "Não queremos a democracia da fome, a democracia das chacinas e a dos ricos. Queremos a democracia da diversidade, dos trabalhadores, uma democracia real. Queremos a democracia dos povos".

Manuela tinha acabado de ser eleita representante dos estudantes no Centro Acadêmico XI de Agosto, que homenageia a data de fundação da escola. A presença dela entre os discursantes daquela manhã destoava de 1977, quando o palco foi ocupado, em sua maioria, por homens brancos. Manuela representa o presente e o futuro da universidade mais prestigiada do país: com mais estudantes de escolas públicas, pretos, pardos e indígenas.

A Universidade de São Paulo foi fundada em 1934 e se tornou a mais prestigiada instituição de ensino superior do país. Com campi na capital e no interior do estado, oferta 183 cursos de graduação e tem 239 programas de pós-graduação. No total, são mais de 88 mil alunos. Mas, só agora, esse contingente de estudantes começa a representar a diversidade étnica do estado. Apesar do prestígio, a USP carrega a fama de ser uma das últimas grandes universidades do país a adotar o sistema de cotas para entrada nos cursos de graduação.

Diferentemente de outros estados, em que as instituições de ensino superior de referência são federais, São Paulo conta com um sistema robusto de universidades estaduais. Ainda que abrigue escolas como a Federal de São Carlos (UFSCar) e a Federal de São Paulo (Unifesp), as instituições mais reconhecidas são a Universidade Estadual Paulista (Unesp), Universidade Estadual de Campinas (Unicamp) e a Universidade de São Paulo (USP). Esta última é considerada a melhor do Brasil e figura entre as melhores da América Latina, muitas vezes ocupando o primeiro lugar, a depender do ranking. Em 2012, as estaduais paulistas decidiram não aderir à Lei de Cotas, sancionada naquele ano.

Como resposta à lei federal, em dezembro de 2012, o governador Geraldo Alckmin, então no PSDB, apresentou o Programa de Inclusão com Mérito no Ensino Superior Público Paulista (Pimesp), que tinha como meta alcançar 50% das matrículas, em cada curso e em cada turno, de alunos com trajetória em escolas públicas. Do total dessas matrículas, 35% seriam destinadas para autodeclarados pretos, pardos e indígenas. Diferentemente do projeto federal, o Pimesp não colocaria esses estudantes diretamente nas cadeiras das universidades. Antes, eles precisariam passar por cursos sequenciais semipresenciais com duração de dois anos, sistema conhecido como *college* e adotado na educação superior dos Estados Unidos. Só aqueles que atingissem uma boa média de notas poderiam continuar os estudos em uma das três grandes universidades. Eles também teriam a opção de concluir os cursos em uma das Faculdades de Tecnologia do Estado de São Paulo (Fatecs). Funcionava como um pedágio para o acesso de fato à excelência do ensino. A proposta foi prontamente rechaçada pelos reitores, sob pressão de alunos e professores.

De acordo com o professor do Departamento de Comunicação da Unesp Bauru e presidente da Comissão Permanente de Permanência Estudantil da mesma universidade, Juarez Xavier, o Pimesp demoraria a alterar o perfil dos estudantes nos cursos de graduação. "Nós então adotamos uma política muito espelhada na política federal". Ou seja, 50% das vagas seriam reservadas para estudantes de escolas públicas, sendo 35% do total destinadas a pretos e pardos. "Isso mudou muito a universidade. Em 2010, tínhamos de 10 a 15% de alunos de escola pública, hoje nós temos 52%. Nós não tínhamos mulheres em muitos cursos, como engenharia, hoje temos. Não tínhamos muitos alunos da própria cidade, e hoje temos".

Militante dos movimentos negros e um dos fundadores da União de Negras e Negros pela Igualdade (Unegro), Juarez acompanhou desde o início o debate sobre a inclusão de pretos e pardos na universidade. "A USP foi protagonista do debate, eu estava terminando meus estudos de pós-graduação em 95 quando foi formada uma comissão para discutir os 300 anos de Zumbi dos Palmares". A comissão foi liderada pelo professor Kabengele Munanga, referência na discussão racial no Brasil, e tinha como objetivo repensar a presença do negro na sociedade. Esse movimento ocorreu em paralelo com a criação do Grupo de Trabalho Interministerial para Valorização da População Negra, do governo federal, pensado para formular políticas de inclusão.

A partir desses debates, os movimentos negros elaboraram a participação do país na Conferência de Durban, na África do Sul, onde a ideia das cotas tomou corpo e se fortaleceu.

Apesar de ter protagonismo no debate nacional sobre as cotas, as universidades paulistas tardaram na adoção da medida. Em 2005, após UnB e Uerj, a Universidade Federal de São Paulo (Unifesp) criou 27 novas vagas para estudantes que atendessem aos critérios racial e social. Até então, a Unifesp ofertava 273 vagas, divididas entre os cursos de Medicina e Enfermagem. Enquanto isso, as estaduais ensaiavam políticas de bonificação, outra estratégia para aumentar a presença de pretos, pardos e indígenas na educação superior.

A partir de 2006, a USP instituiu o Programa de Inclusão Social, conhecido como Inclusp, que, entre outras medidas, acrescia um bônus para alunos de escolas públicas que faziam a prova da Fuvest, porta de entrada para os cursos de graduação. No início, os candidatos recebiam 3% do total da nota final, percentual que cresceu à medida que a universidade avaliava os resultados do programa. Após a chegada da política de cotas do governo federal, a USP decidiu instituir uma bonificação extra de 5% para estudantes oriundos de escolas públicas, autodeclarados negros e indígenas.

A Unicamp também seguiu a lógica de bonificação para estudantes de escolas públicas, pretos e pardos. A medida conseguiu ampliar as matrículas de alunos que estudaram na rede pública, mas foi insuficiente para garantir uma presença mais equânime de negros na instituição. Foi então que a instituição olhou para o programa que já era adotado na Unesp e resolveu buscar ali inspiração para implantação das cotas. A partir de 2019, a Unicamp passou a reservar 25% das vagas para estudantes de escolas públicas, pretos e pardos, criou um vestibular direcionado a indígenas e manteve a política de bônus no sistema de seleção seriada.

A Unesp também serviu de inspiração para a USP, que em 2017 aprovou a adoção de cotas sociais e raciais de forma escalonada até 2021, quando metade das vagas passaram a ser reservadas para estudantes de escolas públicas, pretos, pardos e indígenas. A decisão tomada pelo Conselho Universitário foi uma vitória dos movimentos negros de fora e de dentro da universidade, que sempre defenderam a democratização da maior e melhor universidade do país. "A associação de servidores da USP teve papel importante nessa luta política", afirma Juarez. Para ele, a demora das instituições brasileiras em promover políticas de ações afirmativas se deve à forma como elas foram estruturadas historicamente. "O genocídio negro e indígena fundou as instituições brasileiras, criando mecanismo de descartabilidade humana com marcadores étnico-racial, de gênero e classe".

Quando a USP adotou o sistema de cotas, em 2017, Manuela de Morais estava deixando o ensino fundamental em uma escola estadual em Araraquara, no interior paulista. Naquele ano, ela encarou seu primeiro processo seletivo – o "vestibulinho" – para entrar na ETEC Anna de Oliveira Ferraz. As escolas técnicas estaduais (ETECs) são unidades do governo de São Paulo que ofertam o ensino médio regular concomitante à educação técnica. "Sempre estudei em escolas muito precárias. Por mais que eu tivesse professores maravilhosos, tinha pouco recurso. Eram muitos alunos na sala, o professor não dava conta. Quando fui pra ETEC, melhorou um pouco", relata Manuela.

Ela já tinha planos de seguir para a universidade ao fim do ensino médio e recebia incentivos do pai para que conquistasse uma vaga utilizando as cotas raciais. "Ele sempre falou: olha, a nossa família foi extremamente afetada por essas questões. Então as cotas são uma reparação histórica que você tem que usar!". O pai é formado em Ciências Econômicas pela Unesp, mas a mãe só completou o ensino médio. Mesmo com as cotas, Manuela achava difícil alcançar o sonho de estudar na melhor universidade do país. Para completar, ela escolheu um dos cursos mais concorridos do vestibular. "Eu queria fazer um curso para ajudar pessoas. Eu pensei em fazer Psicologia, pensei em Medicina. Quando falei que queria fazer Direito, muita gente falou que era uma área saturada. Então eu decidi fazer na melhor, que é a São Francisco".

O último ano de ensino médio de Manuela coincidiu com o início da pandemia. Ela teve medo de que as aulas remotas pudessem prejudicar seu desempenho nas provas para entrar na universidade. "Então eu contratei um cursinho online baratinho, de R$20, pra ajudar na correção das redações e para tirar algumas dúvidas". Com essa estratégia, Manuela conseguiu entrar na Faculdade de Direito do Largo de São Francisco em 2021, quando as disciplinas foram ofertadas a distância. Somente em 2022 é que Manuela passou a frequentar a "SanFran" diariamente.

A noção de um Direito transformador da sociedade foi abalada pelo dia a dia das aulas. "Eu vejo que o Direito é o que mantém a sociedade rodando do jeito problemático". Sinal disso é como a questão racial é abordada em sala de aula, segundo a estudante. "Ainda se referem a pessoas pretas e pobres como se fossem os outros e não como pessoas que estão entrando cada vez mais na universidade". Esse incômodo pauta sua atuação no coletivo Travessia, do movimento estudantil da faculdade.

Nas eleições de 2022 para o centro acadêmico, ela foi escolhida presidente do Centro Acadêmico XI de Agosto, a terceira pessoa negra a ocupar o posto em 116 anos de história da entidade. "Eu entrei no momento em que estavam debatendo sobre colocar o nome de Rubino de Oliveira em um auditório". Rubino foi o primeiro professor negro da instituição, em 1879. "A São Francisco tem quadros caríssimos dos antigos professores, juristas importantes, e agora também tem de um professor negro". A luta agora é para estabelecer cotas na contratação de professores. A Faculdade do Largo de São Francisco conta com apenas uma professora negra, Eunice Aparecida de Jesus Prudente.

Ainda envolvida pelo discurso em defesa da democracia, ao falar do futuro, Manuela não abordou desejos pessoais, apesar de se incluir neles. "Uma democracia que inclua de verdade o povo brasileiro, e o povo brasileiro é o povo preto e pobre".

CAPÍTULO 7

O empretecimento da maior universidade de Minas Gerais

A Faculdade de Medicina da Universidade Federal de Minas Gerais fica na avenida Alfredo Balena, na região centro-sul de Belo Horizonte. O nome da rua é o mesmo de um dos fundadores da instituição, criada em 1911, pela Sociedade Médico-Cirúrgica de Minas Gerais, para atender às necessidades de profissionais de saúde no estado. Quem passa pela Alfredo Balena vê primeiro o estacionamento repleto de árvores e, ao fundo, um gigantesco prédio em branco e verde-turquesa, cores utilizadas como marca pela escola. No mesmo terreno, estão a Escola de Enfermagem e o Hospital das Clínicas da UFMG. A área compõe o campus Saúde da universidade, que mantém a maioria dos cursos no campus Pampulha, também em Belo Horizonte, e o restante em Montes Claros, no norte de Minas.

 Sete anos após a fundação, a faculdade já demonstrava sua relevância para o estado. Segundo a historiadora Heloísa Starling, a então sede da escola, no Palacete Thibau, foi transformada em hospital para acolher os doentes da gripe espanhola em 1918. A Congregação da faculdade ordenou a suspensão das aulas. Alunos e professores passaram a atender os pacientes em 112 leitos improvisados na época. Mais tarde, em 1927, a Medicina se uniu à Escola Livre de Odontologia, à Faculdade de Direito e à Escola de Engenharia para dar origem à Universidade de Minas Gerais, federalizada em 1949.

 Desde sua fundação, a Faculdade de Medicina foi destino dos filhos das famílias mais abastadas de Minas Gerais. Por ali passaram nomes como Pedro Nava, grande memorialista brasileiro, Ivo Pitanguy, cirurgião e membro da Academia Brasileira de Letras, o escritor Guimarães Rosa e o presidente Juscelino Kubitschek. Aliás, JK foi responsável pela aula magna que inaugurou o prédio atual da escola, em 1960. O ex-jogador Tostão também se fez médico por lá. Não é possível dizer que todos tiveram trajetórias tranquilas para acessar e permanecer na universidade. JK, por exemplo, era filho de caixeiro-viajante e professora e teve que trabalhar como telegrafista em Belo Horizonte antes de ingressar no curso. O que une esses personagens é a cor, pois todos eles são brancos. Na maior parte das imagens de formandos da escola, em seus 110 anos de história, há poucos sinais de melanina. O curso de Medicina, e isso não é exclusividade da UFMG, sempre foi voltado para pessoas brancas, de famílias abastadas. Não é possível dizer que todos os formados na área tiveram vida fácil, mas, seguramente, tiveram acesso a direitos que jovens pretos e indígenas da mesma geração não tiveram.

    Douglas Damasceno é uma das exceções, mas sua história não contém grandes reviravoltas e percalços intransponíveis. Em 2016, ele passou a fazer parte da história da Faculdade de Medicina e, em breve, se juntará a JK, Pitanguy e Pedro Nava na condição de ex-aluno da escola. A diferença é que ele é negro, veio de escola pública, nasceu e cresceu na comunidade do Alto Vera Cruz, região leste de Belo Horizonte. Sua entrada em 2016 é representativa, pois naquele ano as universidades públicas federais foram obrigadas a aplicar a Lei de Cotas, em vigor desde 2012, em sua plenitude. Ou seja, 50% das vagas foram reservadas para estudantes de escolas públicas, de baixa renda, negros e indígenas.

Um doutor da favela

Douglas teve uma infância normal para uma criança crescida em comunidade. Foi criado pela mãe, Jucilene, que faz salgados para vender, e pelo padrasto, modelador de manequins de loja. O padrasto já não mora mais com a mãe. O pai nunca teve muito contato com o filho, apesar de morar no mesmo bairro. Apesar de não ter uma família de posses, a prioridade na vida do jovem foi sempre voltada para os estudos. Mudou de escola quatro vezes, para estudar mais perto de casa. Da 1ª à 3ª série, estudou na Escola Estadual Necésio Tavares; na 4ª, foi para a Escola Municipal George Ricardo Salum; estudou na Municipal Israel Pinheiro da 5ª à 8ª série e na Estadual Coração Eucarístico no 1º ano do ensino médio. Até essa altura da vida, não tinha muita certeza sobre qual carreira queria seguir.

Quando estava no primeiro ano do ensino médio, decidiu tentar uma vaga no Centro Federal de Educação Tecnológica de Minas Gerais (Cefet-MG). Para isso, teve que conciliar os estudos regulares com um cursinho preparatório. Ele foi aprovado para fazer o ensino médio juntamente com o técnico em Mecânica Industrial, o que o forçou a repetir o primeiro ano. "Tive essa vantagem de estudar em uma escola federal". Gratuito e com qualidade, o ensino médio no Cefet é uma alternativa para estudantes de baixa renda cujos pais não têm condições de financiar uma escola privada. Para Douglas, havia uma dupla vantagem: além de estudar em uma escola que daria base para ter uma boa nota no Exame Nacional do Ensino Médio (Enem), ainda ganharia uma profissão.

De fato, após terminar o curso, conseguiu estágio técnico na Vallourec, siderúrgica que funciona no Barreiro, no extremo-sul de Belo Horizonte. Tudo indicava que ele tentaria Engenharia Mecânica na UFMG ou no próprio Cefet, que também oferta cursos de graduação. "Eu não sabia direito o que eu queria, então fui fazer o estágio para saber e não era o que eu queria mesmo". Por causa dessa indecisão, preferiu não tentar uma vaga no ensino superior pelo Sistema de Seleção Unificada (Sisu) no final do ensino médio, como a maior parte dos colegas. O ano de 2015 foi então dividido entre um cursinho Pré-Enem e os cuidados com a avó, dona Lindaura Gomes de Jesus, que descobrira um câncer. Em meio às obrigações de trabalho e estudo, ele acompanhava a matriarca da família em seus tratamentos na Santa Casa.

Foram nessas idas e vindas a hospitais que o desejo de se tornar médico surgiu, mas ele não teve coragem de contar para ninguém. Para todos os efeitos, seu destino era o curso de Engenharia Mecânica, afinal, já trabalhava na área e tinha chances de ser aprovado. Mas a experiência com a avó, que veio a falecer, só fez crescer dentro dele a vontade de migrar para a área da saúde e estudar no campus arborizado da Avenida Alfredo Balena.

Feito o Enem, Douglas alcançou uma nota alta o suficiente para ser aprovado na maioria dos cursos da UFMG, uma das mais disputadas do país. Foi então que tomou coragem de contar para a prima que poderia fazer Medicina. "Mas eu sempre falava assim: olha, é uma opção também, mas tem outras opções, porque nem eu mesmo acreditava que poderia ser capaz, sabe?". Dali a notícia foi sendo compartilhada com o restante da família, que recebeu com surpresa. A mãe deu total apoio à escolha do filho, mas outros parentes ficaram desconfiados. "Muita gente falou que eu não tinha cara de médico, outros questionavam como eu iria fazer, pois o curso é em horário integral e eu não poderia trabalhar".

A frase "Não tem cara de médico", dita pelos familiares, soa preconceituosa e desestimulante, mas reflete bem a realidade brasileira. A cara do médico é branca, de classe média a alta, homens em sua maioria. Esse perfil era tão naturalizado que sequer entrava nos levantamentos realizados pela própria categoria. A publicação "Demografia Médica no Brasil", do ano de 2015, ano em que Douglas fez o Enem, apresenta dados sobre a presença de profissionais na capital e no interior, o aumento da participação feminina, a distribuição de médicos por especialidade, mas não aborda o tema raça. As palavras preto, pardo e negro não aparecem em nenhum lugar do documento de 285 páginas. A pesquisa é realizada anualmente pela Faculdade de Medicina da Universidade de São Paulo em parceria com o Conselho Federal de Medicina (CFM) e com o Conselho Regional de Medicina de SP (Cremesp). Já na edição de 2018, o relatório mostra que, entre os formandos, "apenas 1,8% se declararam negros e 16,2%, pardos", o que é um erro de nomenclatura. Para o IBGE, negros são a soma de pretos e pardos. Pode-se inferir que o relatório queria dizer pretos ao se referir a negros. No relatório de 2020, dados sobre cor e raça dos concluintes de Medicina já estão incluídos, com uma área específica para o tema. Entre os formandos, 27,7% são autodeclarados pretos e pardos. Uma evolução e tanto, mas, ainda assim, a população negra segue sub-representada na categoria, uma vez que pretos e pardos somam 52,1% da população, de acordo o Instituto Brasileiro de Geografia e Estatística (IBGE).

De volta ao Douglas: o resultado do Sisu foi divulgado em 18 de janeiro de 2016. O nome dele estava em primeiro lugar entre os cotistas. O menino sem cara de médico iniciaria logo a jornada para aumentar a presença de pretos e pardos na carreira mais disputada do país. Com a reserva de 50% das vagas para estudantes de escolas públicas, negros e indígenas no Sisu daquele ano, a expectativa era que mais negros aparecessem entre os 160 aprovados para o curso, certo?

"Não, não. Chegando lá, a realidade foi totalmente diferente", afirma com ênfase no "totalmente diferente". "Porque eu fui umas poucas pessoas negras da minha turma. Isso me assustou, tinha quatro, cinco pessoas". Isso tem razão de ser. O único critério adotado para inclusão na reserva de vagas era a autodeclaração, o que deixava aberta a possibilidade de fraudes. Em 2017, uma reportagem da Folha de São Paulo revelou que dezenas de brancos se utilizaram da autodeclaração para conseguir furar o sistema de cotas na UFMG. O caso mais emblemático foi de um estudante loiro, que se declarou pardo para acessar a universidade. Ele estudou a vida toda em escola privada, mas, assim como Douglas, frequentou o Cefet-MG no ensino médio, que, por ser entidade pública, dá direito ao aluno pleitear vaga pelas cotas. Os casos foram denunciados pelos movimentos negros da UFMG, forçando a instituição a tomar uma série de medidas para evitar as fraudes, desde uma carta em que o candidato relata suas questões étnico-raciais até a banca de heteroidentificação, em que um grupo de técnicos da universidade avalia traços fenotípicos dos candidatos. Tais medidas somam páginas na longa batalha interna da universidade para implantação de políticas de ação afirmativa.

UFMG e o sistema de cotas

A UFMG está no topo da excelência universitária do Brasil. Depois de USP e Unicamp, a federal mineira sempre aparece em rankings de melhores universidades. Nas listas da Times Higher Education, revista britânica de ensino superior, a instituição figura como a quinta melhor da América Latina, como a melhor federal do país entre as economias emergentes e entre as 500 melhores no ranking mundial. Pelos bancos da universidade, passaram nomes de ministros, como Paulo Haddad e Paulo Guedes, da Economia, Francisco Rezek, das Relações Exteriores, Nilma Lino Gomes, da Mulher, Igualdade Racial, Juventude e Direitos Humanos, e Clélio Campolina, da Ciência e Tecnologia, só para citar alguns. Entre os presidentes, frequentaram a universidade o já citado Juscelino Kubitschek, Tancredo Neves e Dilma Rousseff, que começou lá o curso de Ciências Econômicas, concluído pela Universidade Federal do Rio Grande do Sul.

A exemplo da Faculdade de Medicina, as demais unidades apresentavam poucas diferenças no que tange à distribuição das vagas por raça e cor. A maior parte dos alunos sempre foi branca, com pequenas exceções. Em 2001, um grupo de professores criou o programa Ações Afirmativas na UFMG, com propostas para facilitar o acesso e permanência de estudantes negros em instituições públicas de ensino superior. O projeto foi um dos vencedores do Concurso Nacional Cor no Ensino Superior, promovido pelo Laboratório de Políticas Públicas da Universidade do Estado do Rio de Janeiro (LPP/UERJ), em parceria com a Fundação Ford.

Uma das fundadoras do grupo foi a professora Nilma Lino Gomes, mais tarde ministra do governo Dilma. Ela defendia a instituição de cotas para estudantes negros. Em matéria da Revista Diversa, publicação da própria universidade, do ano de 2005, Nilma defende medidas mais efetivas para equilibrar o acesso. "A maioria das instituições tem se prendido à discussão do mérito quando trata do assunto, mas queremos ir mais longe. Quem consegue negar que a trajetória social e escolar de negros e brancos são muito diferentes? Que é preciso investir na educação básica é claro, porém a sociedade tem de apresentar soluções mais radicais e democráticas, que devem ser constantemente avaliadas", afirmou.

O discurso de Nilma era acompanhado por um grupo minoritário dentro da universidade. Enquanto instituições como Unifesp, UFBA e UnB já adotavam algum tipo de reserva de vagas, a única medida de inclusão adotada pela UFMG era a ampliação dos cursos noturnos, aprovada pelo Conselho de Ensino, Pesquisa e Extensão em 2003. Eram ofertados cursos como Ciências Biológicas, Administração, Física e Engenharia Mecânica, o curso que Douglas contava para a família que faria na UFMG. Em artigo publicado também na revista *Diversa*, mas em 2003, o coordenador da Comissão Permanente do Vestibular, Antônio Emílio Angueth de Araújo, defendia que os cursos noturnos abriam a possibilidade de mais inclusão, sem abrir mão do "milenar princípio do mérito".

De fato, nos cursos listados no artigo, negros ocupavam 24% das vagas de Administração no período noturno, contra 18% do diurno. No curso de Engenharia Mecânica, negros chegavam a 34% contra 20% do diurno. O argumento de que cursos noturnos ampliavam as possibilidades de acesso para estudantes de escolas públicas e negros tinha fundamento, mas mantinha restrito o poder de escolha de um jovem negro e pobre. Cursos como Medicina e Odontologia não entravam no programa, uma vez que demandam muitas atividades práticas e teriam sua extensão dobrada para corresponder à carga horária de um curso diurno. Se Douglas tivesse feito vestibular naquela época, talvez tivesse que optar mesmo pela Engenharia Mecânica, por achar que teria mais chances.

Em 2007, a universidade criou uma página chamada Inclusão Social para colocar em debate propostas para reserva de vagas no vestibular da instituição. Na apresentação, o reitor Ronaldo Tadeu Pena defende a criação de algum tipo de mecanismo do tipo. "Será que não temos a responsabilidade de garantir a esses jovens o direito da diferenciação? Ou, em outras palavras, para situações tão desiguais não teríamos a obrigação de adotar medidas diferenciadas que possam, não reproduzir a desigualdade, e sim equalizar as oportunidades? Não seria esse o momento de construir uma experiência generosa e justa em que poderíamos oferecer o tratamento diferenciado que nosso espírito de solidariedade nos recomenda?"

O *site* reunia artigos de especialistas e alunos, de dentro e fora da universidade, com argumentos distintos sobre a adoção da política de cotas. O coordenador do vestibular daquele ano, Marcus Vinicius de Freitas, se posicionou de forma contrária. "As universidades da Califórnia, sempre na vanguarda dessas questões, foram as primeiras a propor as cotas e as primeiras a recuar da proposta, duas décadas depois, ao perceber suas consequências desastrosas", escreveu Marcus, que defendia a ampliação de vagas em universidades públicas. Partindo da inexistência do conceito de raça no campo biológico, o geneticista Sérgio Pena, um dos mais respeitados da área, advogou que, ainda que a raça sobrevivesse enquanto construção social, "não podemos permitir que tal construção social se torne determinante de toda a nossa visão de mundo nem de nosso projeto de país".

Entre os favoráveis ao uso das cotas, o artigo "Teses e Truques" da jornalista Míriam Leitão, publicado originalmente em *O Globo* em 2006, rebate todos os argumentos contrários à adoção das políticas afirmativas. Entre eles, lembra que a qualidade das universidades norte-americanas nunca foi questionada, mesmo com todos os mecanismos de incentivo à ocupação de negros em seus bancos. E conclui: "O problema não é o debate, mas alguns dos argumentos. E pior: os truques. Acusar de promover o racismo o primeiro esforço antirracista após 118 anos do fim da escravidão é uma distorção inaceitável".

A professora da Faculdade de Educação da UFMG Maria Cristina Soares de Gouvêa defende que as cotas sociais e raciais devem compor uma estratégia ampla para garantir o acesso de grupos menos favorecidos às universidades. Ela reflete sobre as trajetórias, citando o sociólogo francês Pierre Bourdieu: "Alguns estudantes, beneficiados por sua trajetória familiar e social, construíram uma representação socialmente sustentada de detentores de mérito intelectual que os qualificaria para o acesso às mais importantes instituições de ensino superior; outros, que Bourdieu define como "milagreiros", o fizeram a custo de ruptura com um lugar social previamente definido por um processo de exclusão."

Em outra seção do site são listados depoimentos de pessoas da comunidade acadêmica com relação às políticas de ação afirmativa. Chama atenção um depoimento que foi enviado pelo então coordenador do Colegiado do Curso de Medicina, André Cabral. Ele demonstra preocupação sobre a permanência dos alunos aprovados pelo sistema de reserva de vagas e defende que o Estado deveria garantir condições igualitárias de acesso. Em suma, se mostra contrário às cotas e defende medidas alternativas, como a retirada da nota da prova de língua estrangeira da classificação de candidatos.

Fato é que as discussões se desenrolavam dentro e fora da universidade, com pressão vinda de todos os lados. De dentro, da parte de professores e movimentos estudantis; de fora, por movimentos sociais e até do governo, que apoiava a adoção de cotas e buscava a aprovação de projeto de lei no Congresso. Uma decisão definitiva só veio em 15 de maio de 2008, quando o Conselho Universitário aprovou a adoção de um sistema de bônus para estudantes de escolas públicas e negros. A partir do vestibular seguinte, candidatos que tivessem cursado do 5º ano do ensino fundamental ao 3º ano do ensino médio em escolas públicas teriam uma adição de 10% sobre a nota obtida nas duas etapas do concurso.

Candidatos autodeclarados negros que tivessem cursado a escola pública ganhariam 15%. A universidade projetava que as vagas ocupadas por estudantes de escolas públicas subiriam de 35% para 50%, igualando ao percentual de estudantes de entidades privadas. Não foi feita nenhuma projeção para a inclusão de negros. Em matéria publicada no *site* da instituição, o então reitor Ronaldo Tadeu Pena defendeu o sistema: "O bônus depende da nota que o aluno da escola pública tira, o que valoriza o mérito do estudante que se aproxima da aprovação".

No ano seguinte, o bônus foi alvo de ação na Justiça Federal por um candidato ao curso de Medicina que se sentiu prejudicado pelo sistema. Em julho de 2009, a desembargadora Maria Isabel Galloti, da 1ª Região do Tribunal Regional Federal, autorizou a matrícula do estudante, que tinha ficado de fora da lista final após ser ultrapassado por estudantes de escolas públicas beneficiados com o bônus. A universidade seguiu a determinação, mas manteve o sistema, que só foi abandonado a partir de 2012, quando a UFMG começou a implantar a Lei de Cotas, com 12,5% das vagas reservadas para estudantes de escolas públicas, negros e indígenas. O percentual passou a 25% na seleção seguinte e, finalmente, alcançou 50% para a entrada de 2016, quando Douglas foi aprovado.

A chegada de mais pretos na tradicional Faculdade de Medicina desafiou ordens estabelecidas. "A falta de representatividade negra pra mim foi o pior, a gente se sentiu um peixe fora d'água, sabe? Quando o racismo é alguém te chamando de macaco, a gente vê. Mas essas coisas sutis acabam silenciando a gente, e se a gente falar alguma coisa, sai como louco ou barraqueiro." Douglas se refere a situações como ter que provar o tempo todo que está ali porque estuda na instituição. Ele conta que sempre anda de carteirinha em punho para mostrar a algum segurança que perguntar o que está fazendo ali. Em outra situação, um professor questionou a nota tirada por Douglas, por ter achado alta demais. "Em outra ocasião, ele me perguntou do nada se eu estava precisando de alguma coisa". Pergunta que jamais seria feita para um aluno branco, que, em tese, não teria necessidades.

Situações como essas, compartilhadas por Douglas e pelos colegas, levaram os estudantes negros da Faculdade de Medicina a organizar o Grupo de Estudos Negros e Interseccionalidades (Geni), que busca pautar a questão racial, de classe, gênero e sexualidade na instituição. O grupo já conseguiu, por exemplo, a criação de disciplinas especiais voltadas para a saúde negra. Ele acredita que o aumento de negros na medicina tem potencial para mudar a forma de atendimento da população. "Eu enquanto médico negro vou saber cuidar de uma pessoa negra, levando em conta que o paciente pode ser mais vulnerável socialmente".

CAPÍTULO 8

Duas histórias do Sul do país

"Existem negros no Paraná". Embora pareça óbvia, a afirmação do historiador Sandro Luis Fernandes, mestre em Educação e professor de História e Ciências Sociais, combate o recorrente imaginário sobre uma região cuja imagem construída histórica e socialmente é, sobretudo, branca.

Essa percepção é fruto dos processos de povoamento do Sul do Brasil – ocupado, em grande medida, graças aos incentivos estatais que facilitaram a entrada de imigrantes europeus –, mas é também consequência de uma violenta prática de apagamento simbólico das trajetórias e contribuições de pessoas negras que ali existiram e sobreviveram diante de diversos processos de extermínio.

Do total de habitantes do Paraná, por exemplo, 34% se reconhecem enquanto pretos ou pardos. O dado, de 2018, é do Instituto Brasileiro de Geografia e Estatística (IBGE). Sandro faz parte dessa porcentagem. Ele, nascido em Guarapuava, cidade do centro-sul do Paraná, conseguiu driblar parte do apagamento histórico comumente sofrido por pessoas negras e remontar uma espécie de árvore genealógica que alcança seu trisavô, homem que nasceu em 1844 e foi escravizado naquela mesma região.

Historiador por gosto e formação, Sandro foi desde sempre fascinado pela cultura afro-brasileira que formou o estado – representada, em suas pesquisas acadêmicas, pelo interesse que mantém com o Clube Rio Branco, organização fundada em 1919 para que pessoas negras pudessem encontrar um espaço de manifestação cultural.

Seus estudos, contudo, deram uma nova guinada a partir de um encontro com o cineasta Paulo Munhoz, que também é engenheiro. Em 2008, no contexto de um projeto de cinema no Colégio Estadual do Paraná, Paulo comentou com Sandro que gostaria de fazer um filme chamado "A Engenheira", que versaria sobre a vida de Enedina Alves Marques.

Sandro, que até então não tinha ouvido falar desse nome, perguntou quem era ela. Ao que Paulo respondeu: "Sandro, é a primeira engenheira negra do Brasil. A primeira engenheira formada na Universidade do Paraná."

Abrindo portas

Enedina nasceu em 1913 e morou, durante sua infância e juventude, no bairro Portão, então localizado nos arredores de Curitiba. Era filha de Paulo Marques e Virgília Alves Marques, casal de negros que chegaram à capital paranaense em busca de melhores condições de vida após o êxodo rural resultante da abolição da escravatura, oficializada em 1888.

Paulo e Virgília logo se separariam. Dona Virgília, também conhecida como Dona Duca, foi então trabalhar para a família de Domingos Nascimento, paranaense cafuzo, militar e intelectual republicano. "A gente não tem certeza se Enedina morava na casa dessa família", explica Sandro Luis Fernandes, "mas a mãe dela, sem dúvidas, trabalhava nessa casa."

De acordo com Sandro, foi a família Nascimento quem financiou a educação de Enedina. "Eles tinham uma filha da idade de Enedina. Como não existia escola pública naquela época – quem queria estudar tinha que pagar –, a família de Domingos Nascimento pagou para que a filha e Enedina estudassem juntas, em princípio para a filha ter companhia", diz Sandro.

Entre o trabalho doméstico nas casas de família e os estudos, Enedina acabou se diplomando como professora normalista em dezembro de 1931 e foi inicialmente trabalhar numa escola em Rio Negro, cidade próxima a Curitiba. Ela, que também lecionou na rede pública de ensino em diversas cidades do interior do Paraná, era basicamente a única professora negra em meio às suas colegas brancas.

Contudo, entre 1935 e 1936, Enedina decidiu, por alguma razão, dar mais um passo na sua formação profissional e acadêmica e cursar Engenharia. Para chegar à faculdade, ela precisou fazer quatro anos de madureza, formação de jovens e adultos com disciplinas dos antigos ginásio e colegial, e se inscrever num curso complementar de pré-Engenharia, que ela finalizou em 1939. Nesse período, ela estudou, respectivamente, no Colégio Novo Ateneu, instituição privada que até hoje existe em Curitiba, e no Ginásio Paranaense, atual Colégio Estadual do Paraná. Todos os estudos, como Sandro gosta de ressaltar, foram pagos por ela.

"Ela ficou um ano estudando nesse ginásio, e conseguiu as notas que precisava para entrar na Escola de Engenharia da Universidade do Paraná, que não era federal à época", detalha Sandro.

A trajetória acadêmica de Enedina Marques começou, como apresenta o artigo "Enedina Alves Marques: a trajetória da primeira engenheira do sul do país na Faculdade de Engenharia do Paraná (1940-1945)", escrito pelo historiador Jorge Luiz Santana, "em requerimento escrito a próprio punho enviado ao diretor da FEP, solicitando inscrição para os exames de habilitação para ingressar no curso de engenharia civil do ano de 1940."

Naquela década, para ingressar na faculdade, todos precisavam ser aprovados no exame, apresentar a documentação exigida e fazer o pagamento total de 425 mil cruzeiros, valores altos para uma professora e empregada doméstica. Mas assim Enedina o fez, de forma estratégica. Afinal, durante o estudo, trabalhou de graça na casa de Iracema e Mathias Caron, em troca de um espaço para morar. Esse jogo, ainda que injusto aos olhos da contemporaneidade, auxiliou Enedina a quitar todas as suas mensalidades acadêmicas.

Engana-se quem pensa que ela foi a primeira mulher a se matricular na Escola de Engenharia do Paraná. Contudo, em meio ao alto índice de evasão e reprovação do curso, ela acabou se tornando a primeira mulher – e a primeira mulher negra – a se graduar engenheira civil. Não sem alguns percalços.

Elisabeth Schierman Sickael Elfrida, que conviveu com Enedina durante uma parte de sua vida, contou a Jorge Luiz Santana que era comum o preconceito e a perseguição no ambiente acadêmico. "Ela foi reprovada algumas vezes", disse, em entrevista gravada em 2011. "E ela falava: eu não desisto, eu vou até o fim, um dia eles enjoam da minha cara e me aprovam. E foi o que realmente aconteceu." Sandro também conta que era comum ela passar noites estudando à luz de velas, consciente do valor da formação para um futuro melhor.

Mesmo diante dos empecilhos, Enedina era uma mulher reconhecida pelos pares engenheiros e por uma certa sociedade curitibana ligada ao filantropismo – quando professora, por exemplo, Enedina montou uma escolinha para atender crianças carentes. Ela era, de acordo com Sandro, "uma pessoa preocupada em conquistar espaço social".

Formou-se em 1945, levando seis anos para concluir um curso de cinco, devido a algumas reprovações e atrasos. "Enedina marcou uma história interessantíssima. Era uma mulher que tinha amigos políticos, conquistou espaço invejável dentro da carreira de funcionária pública, foi contratada como engenheira da Secretaria de Viação e Obras Públicas do Paraná – onde cresceu bastante –, foi para a Secretaria de Educação e se aposentou com um salário parecido ao de um desembargador", explica Sandro.

Contam os rumores que, quando trabalhou na usina hidrelétrica de Antonina, cidade do leste paranaense, chegou a andar armada para se proteger e impor respeito. "Se hoje Antonina é uma cidade do interior, imagina na década de 1960? Dizem que ela andava armada para dar ordem nos peões e também se cuidar das *onças*".

Morreu em 1981, em Curitiba, onde morava sozinha. Não se casou nem teve filhos, mas dedicou-se, também no fim da vida, a uma carreira muito ligada à filantropia. Dois anos depois de sua morte, seria apresentado, no Congresso Nacional, o primeiro projeto de lei que previa a institucionalização de um incipiente sistema de cotas na educação brasileira. Enedina não conheceu a reserva de vagas durante sua graduação, nem mesmo conseguiu o auxílio que, à época, era supostamente destinado a estudantes carentes.

Em 2017, Enedina, que adorava tomar uma cervejinha, virou nome de rótulo de cerveja da confraria Goose Island Sisterhood, criada em São Paulo por mulheres. E, em 13 de janeiro de 2023, quando completaria 110 anos de idade, foi homenageada com um *doodle* do Google. A ilustração, exibida na página inicial do sistema de busca, mostra a curitibana, de capacete amarelo e cartolina na mão, ao lado de uma grande usina hidrelétrica. Talvez uma boa forma de valorizar a história de uma mulher negra que desbravou caminhos no campo.

Uma história do presente

Diferentemente de Enedina, a história de Matheus Gomes se entrelaça com o rumo da implementação das ações afirmativas na educação e na política, no estado e no país.

Habitante de Porto Alegre, capital do Rio Grande do Sul, ele é um homem negro, hoje deputado estadual pelo Psol, o Partido Socialismo e Liberdade. Nascido em 1991, é filho de uma doméstica que depois se enveredou para o comércio, transformando-se em vendedora de roupas, e de um funcionário de uma empresa de telefonia, que também trabalhou como barbeiro. Uma mulher negra e um homem branco, ambos com forte educação política – o pai, por exemplo, era próximo do movimento sindical e militante do Partido dos Trabalhadores (PT). Essa realidade impulsionou, na então criança, a construção de uma visão de mundo que Matheus julga mais humana, solidária e igualitária.

"Vivi sempre com acesso às questões mais importantes para o meu desenvolvimento", ele lembra, explicando que, mesmo inserido na realidade simples de uma família de trabalhadores, nunca lhe faltou nada. "Tinha um ambiente familiar estável, pude ir à escola, tinha tempo de brincar, de interagir com as pessoas do meu bairro e do meu entorno, pude praticar esportes..."

Apesar de não ter crescido na periferia de Porto Alegre, Matheus foi se conectando com os ambientes à margem da capital rio-grandense por suas vivências na escola pública, na música e nos movimentos sociais. Estudou no Colégio Estadual Florinda Tubino Sampaio, escola localizada no bairro Petrópolis. "Ali, no ambiente escolar, eu já começo a ter um papel de liderança. Sempre fui uma pessoa com essa disposição de organizar as coisas, estar à frente na articulação, desde time de futebol até a minha banda de pagode", conta.

Tocava percussão na época, e passou a se apresentar, com a banda, em diversos espaços. "Quase profissionalmente", ele ressalta. A convivência na casa dos amigos, nos bares à noite, nos ensaios de música e nas quadras das escolas de samba acabaram reforçando a consciência política que lhe foi incutida desde cedo, seja pela educação que vinha dos pais, seja por meio dos álbuns de rap que ouvia quando criança – como Planet Hemp, que conheceu após ganhar um disco de aniversário aos 9 anos, e O Rappa.

Em 2009, Matheus entrou para a Universidade Federal do Rio Grande do Sul (UFRGS) para cursar Ciências Sociais; seu ingresso se deu por meio da política de cotas. Era apenas o segundo ano de ações afirmativas na universidade. Entretanto, ficou no curso por apenas dois semestres, quando decidiu rumar para a licenciatura em História. De certa forma, a inspiração veio de seu pai, que, quando estava com 40 anos, entrou para a faculdade no campo de estudo. "Eu tinha um vínculo forte com a questão política, que era algo importante na minha vida quando criança, e sempre me interessei por coisas relacionadas à área", Matheus conta.

A UFRGS institucionalizou as cotas em 2008, antes da Lei de Cotas de 2012, que estabeleceu a política de reserva de vagas a nível federal. Como explica a professora Denise Fagundes Jardim, que esteve à frente da Coordenadoria de Ações Afirmativas, em entrevista ao portal Humanista, jornal laboratorial da universidade, essa aprovação foi resultado de um "trabalho de formiguinha" que se iniciou em 2005.

À época, grupos de alunos, funcionários e professores, junto aos movimentos negros e indígenas, começaram a pautar o assunto no espaço; mobilização que culminou, em 2006, na formação de comissão especial sobre o tema com membros do Conselho Universitário e do Conselho de Ensino, Pesquisa e Extensão. A proposta de reserva de vagas só foi aprovada no ano seguinte, em junho, após intensa vigília de pessoas que defendiam a implementação das cotas em frente à reitoria da universidade. O programa foi já implementado no vestibular de janeiro de 2008 e teria vigência até 2012, quando seria reavaliado.

No início, foram reservadas 30% das vagas de cada curso a partir de duas modalidades: 15% para os vestibulandos provenientes de escolas públicas e 15% para aqueles que, além de terem estudado nessas escolas, se autodeclaravam negros ou negras. Com a sanção da Lei de Cotas de 2012, o percentual de vagas reservadas passou a ser de 50%, e posteriormente foram incluídas novas modalidades de ingresso que abrangiam estudantes indígenas e pessoas com deficiência.

Por isso é possível afirmar que a universidade que Matheus conheceu quando ingressou no curso de Ciências Sociais e, posteriormente, no de História, não só era bem diferente dos espaços que ele até então frequentava, como ainda estava incipiente no seu processo de abertura à diversidade dos corpos, das experiências e das necessidades vinculada à implementação das cotas.

"Tinha um movimento bem preconceituoso na universidade", ele se recorda, citando, por exemplo, os cartazes que foram afixados próximos ao restaurante universitário recomendando que os estudantes não deixassem suas mochilas nas estantes desses espaços agora que existiam alunos cotistas entre eles. Esse aumento da presença negra também influenciava, como mostra o preconceito dos críticos da política, na percepção da segurança pública no ambiente universitário.

Ele mesmo foi vítima direta dessa violência racista quando, na fila para o bandejão, foi ostensivamente abordado por um segurança que lhe perguntou por qual razão estava ali. "Esse ambiente, por um lado, me deixava de fora da universidade. Mas, por outro, eu estava doido para ampliar o meu conhecimento, gostando muito daquela experiência", Matheus lembra. "Eu gostava daquilo, estava feliz também, e via um mundo novo."

Junto à vida acadêmica estava a militância. Sua formação política estrita se iniciou em 2008, no Partido Socialista dos Trabalhadores Unificado (PSTU) e no movimento social negro. Na UFRGS, também fez parte do Diretório Central dos Estudantes (DCE) e chegou a ocupar uma cadeira no Conselho Universitário.

Em 2011, um ano antes da reavaliação da política de cotas da UFRGS, ele e seus colegas de militância organizaram o primeiro encontro de estudantes negros da universidade. "Foi um encontro inovador, em certa medida, porque buscava articular esse público que era novo dentro do ambiente universitário e, ao mesmo tempo, já preparar uma luta pela reavaliação. Por mais que a caracterização mais comum fosse a de que as cotas seriam mantidas, pairava um sentimento de incerteza frente ao movimento conservador da universidade", diz.

Cerca de cinquenta pessoas participaram daquele encontro, como ele conta. "Aqueles que estiveram presentes, num período posterior, viraram a linha de frente do movimento universitário antirracista. O encontro criou um espaço de mobilização pelas ações afirmativas", entende Matheus.

Desse movimento, em junho de 2012 – cerca de dois meses antes da sanção da Lei de Cotas federal – saiu uma proposta de ampliação da política de cotas na UFRGS. Esse pacote elaborado pelo grupo incluía o estabelecimento de 50% de vagas reservadas, metade para estudantes negros, metade para os que eram provenientes de escolas públicas; um processo de autodeclaração coletiva para combater as fraudes; a ampliação das políticas de assistência e permanência estudantil; a criação de núcleos de estudos afro-brasileiros; e o fortalecimento de ouvidorias para o combate ao racismo.

"A reitoria negou praticamente todas essas ideias. Só que, dois meses depois, foram obrigados a ampliar o percentual de ações afirmativas e a restaurar outras políticas por causa da lei nacional. A gente realmente tinha, aqui, projetos que estavam conectados com a discussão nacional", Matheus explica.

Apesar de não ter iniciado sua experiência política dentro do contexto acadêmico, Matheus credita à experiência universitária o fato de ter se tornado uma liderança política "diferente". "A universidade sempre formou as lideranças políticas do Brasil, só que nós não estávamos lá, né? Então, na medida em que a gente entra e vive essa experiência também, é óbvio que vamos construir ela de forma diferente, conectando essa experiência com a comunidade, vinculando ao povo negro... Eu sou um produto disso."

Em 2013, Matheus Gomes era um entre os muitos que fugiam das bombas da polícia militar e tentavam se desvencilhar dos efeitos do gás lacrimogêneo durante os protestos que entraram para a história recente do país como as Jornadas de Junho de 2013.

Já naquela época, ele representava uma liderança política que pautava o debate antirracista e manifestava pela qualidade do transporte público – sendo, nos anos posteriores, duramente perseguido por isso. De 2013 a 2021, Matheus respondeu a alguns processos com base na lei de organização criminosa, sancionada em agosto de 2013 pela presidenta Dilma Rousseff. "Fui acusado de ser o líder de uma milícia privada", ele conta, "de ser o mentor intelectual de todas as depredações do patrimônio público e privado, de todos os roubos, policiais agredidos e bombas explodidas em Porto Alegre. Fui acusado de ser chefe dos *black blocks*".

Matheus foi absolvido de todos os processos, mas precisou lutar por isso. No final das contas, as acusações não tinham nenhuma prova concreta contra ele, que levou o caso para a Organização dos Estados Americanos (OEA), para o Congresso Nacional e para o Senado Federal, sempre recorrendo a fim de articular sua defesa de forma coletiva. A tentativa de criminalização, mais uma nuance do racismo direcionado a ele em sua vida, acabou não vingando, e a fama de "guri dos protestos" colaborou para a sua posterior eleição.

Além de ter marcado sua experiência com os movimentos de rua, as Jornadas de Junho de 2013 também fizeram parte das pesquisas acadêmicas de Matheus. Foi o tema que ele escolheu levar para a sua monografia de conclusão de curso e para o projeto de mestrado, que começou em 2018 – ele fez parte da primeira turma de cotistas na pós-graduação em História.

No TCC, Matheus fez uma análise dos movimentos sociais de Porto Alegre que atuavam no pré-junho de 2013. Seu objetivo era entender se as mobilizações do período poderiam ser classificadas, do ponto de vista historiográfico, como algo espontâneo ou se elas tinham um lastro que esbarrava tanto nas lutas desses movimentos quanto no próprio ativismo reacionário que demarca a complexidade do período. Já no mestrado, a ideia foi a de ampliar um pouco mais a pesquisa para demarcar, nas Jornadas, a participação de uma parcela da multidão que fora às ruas que estava vinculada aos movimentos negros e periféricos da capital.

"Só que aí, no meio disso, eu virei vereador", ele conta.

Ele foi candidato a vereador pela primeira vez em 2012, pelo PSTU. Decisões coletivas o levaram até a candidatura, escolhas "tanto do partido quanto dos próprios coletivos negros que eu fazia parte", ele diz. Não foi eleito à época, quando conquistou pouco menos de 700 votos, nem nas três tentativas seguintes: se candidatou para deputado federal pelo PSTU em 2014 e para deputado estadual pelo PSOL em 2018 – nesta última, foi o terceiro suplente, conquistando 7.453 votos.

O centro das campanhas, como ele ressalta, era discutir a questão racial. "Mesmo na campanha para vereador, a gente falava das cotas, do extermínio da juventude negra – numa crítica à política de segurança pública –, da legalização da maconha e da descriminalização das drogas", entre outros pontos. "Era, pra época, uma campanha bem radical. Esse debate não tinha o espaço político que tem hoje."

O acúmulo junto aos movimentos de base e o protagonismo nas Jornadas de Junho de 2013, combinado com a perseguição policial enfrentada por conta disso, garantiram a Matheus, na perspectiva dele, a possibilidade de uma eleição. Foi nesse contexto que ele foi eleito para vereador em 2020, com quase 10 mil votos, e para deputado estadual em 2022, com 82.401 votos – Matheus Gomes foi o quinto deputado mais votado do Rio Grande do Sul.

"Eu relaciono essa ideia de ser vereador com o papel que eu cumpri nos movimentos sociais, junto à possibilidade de estar ocupando esse espaço para potencializar as lutas de base que a gente desenvolve aqui", ele reflete. "Nunca tive uma ambição individual de estar no ambiente parlamentar. Aceitei a responsabilidade pela estratégia que a gente traz, coletivamente, na luta social."

A reação a essa conquista, contudo, não foi de todo fervorosa. No mesmo ano em que Matheus foi eleito vereador, outras mulheres negras conquistaram espaço na Câmara Municipal de Porto Alegre: Karen Santos, pelo PSOL, Laura Sito, pelo PT, e Bruna Rodrigues e Daiana Santos, pelo PCdoB. E dois dias depois dessa histórica eleição de uma bancada negra, vazou um áudio de Valter Nagelstein, ex-vereador e ex-candidato a prefeito de Porto Alegre, hoje filiado ao Republicanos, caracterizando essa vitória como "absurda". Segundo Nagelstein, os vereadores negros eleitos não tinham qualidade para ocupar esse espaço, muito menos tradição ou formação política. Matheus e as demais deputadas eleitas o processaram, e ele se tornou o primeiro político gaúcho condenado pelo crime de racismo.

As hostilizações não pararam por aí. Desde o segundo dia de mandato, Matheus começou a receber ameaças de morte, estando exposto a uma série de violências políticas. "No meu primeiro um ano e meio de mandato, praticamente eu tive que ir uma vez por mês à delegacia fazer boletim de ocorrência. Passei a andar com segurança, a me preocupar com meus trajetos, a avaliar o risco a cada momento que eu saía de casa", ele lamenta. "É algo que eu sei que não é o cotidiano do restante dos parlamentares, mas é o meu."

Matheus tenta não subestimar o problema, mas também evita superestimá-lo. Busca encarar o perigo de maneira direta, frontalmente, sem perder de vista que qualquer ameaça, ainda que falsa, representa um aviso de alerta sobre a insegurança que ronda vidas negras no país.

Ele reforça que uma de suas motivações enquanto parlamentar é poder tornar os movimentos negros e de periferias mais ativos na disputa de poder político e social. "Eu espero que o que estamos iniciando agora possa render mais frutos coletivos, formar novas lideranças", ele projeta. "A gente quer, realmente, fazer com que a nossa ideia, que começou de maneira despretensiosa, se transforme num projeto de poder viável no Brasil".

Por isso, não perde de vista a importância da política de cotas – nos mais diversos âmbitos – e de outras medidas de assistência para o futuro do país. "Seja na minha vida acadêmica ou na minha trajetória profissional e política, as ações afirmativas são um elemento real que geraram diferença na minha trajetória", entende. E na de muitos outros.

CAPÍTULO 9

A heteroidentificação: quem tem direito às cotas?

Rodrigo Ednilson de Jesus nasceu em 26 de março de 1979, numa casa às margens da linha férrea no bairro Água Branca em Contagem, na Região Metropolitana de Belo Horizonte. Clemência Maria de Jesus chegou ao bairro depois de se desligar do trabalho na casa de uma família onde prestava serviço por tempo integral desde os oito anos de idade. Menina negra, Clemência nasceu no distrito de São Geraldo do Baguari, na cidade de São João Evangelista, na região do Vale do Rio Doce, em Minas. Aos sete anos, foi trazida por uma família de pessoas brancas para a capital mineira sob a promessa de uma vida melhor. Ao contrário da promessa feita, ela não se tornou parte da família, mas sim veio para trabalhar para ela, numa relação de trabalho infantil que depois se tornou um emprego sem a devida remuneração.

Clemência saiu da casa dos patrões aos trinta anos de idade, quando conseguiu uma vaga no serviço de limpeza pública na varrição. Com o dinheiro do trabalho, adquiriu um barraco na área próxima à linha do trem no bairro Água Branca. Feliz, cuidou da casa, preparada com esmero para receber os três filhos: Edson Luís de Jesus, Edinéia Aparecida de Jesus e Rodrigo Ednilson de Jesus. Jornada que assumiu como mãe solo, já que não pôde contar com a ajuda do pai para a criação e educação dos filhos. Para trabalhar na varrição, Clemência deixava os filhos em uma creche em um bairro vizinho ao que morava, o bairro Cidade Industrial.

Tudo transcorria bem até 1977, quando foi avisada que seria construída uma linha de metrô no local e ela teria que se mudar com os filhos. Em 1980, a casa foi demolida e a família se mudou. Clemência comprou um terreno em Ibirité, também na Região Metropolitana de Belo Horizonte. Rodrigo era bem pequenino, tinha quatro anos de idade, mas se lembra como se fosse hoje da mudança.

O menino e os irmãos continuaram a estudar na escola do bairro Cidade Industrial. O pequeno era um bom aluno e tinha talento para as atividades artísticas, como encenar. Nessa época, fez jus ao nome, e interpretou Jesus Cristo. "Representei o Jesus negro". Também era bom na escrita e, aos nove anos, ganhou um concurso de redação cujo prêmio foi uma viagem para Santa Catarina. Um sonho para o menino conhecer outro estado.

Era muito difícil se deslocar diariamente de Ibirité para Contagem, e Rodrigo e os irmãos foram transferidos para uma escola na cidade onde a família morava. A mudança foi um baque para o menino, que amava a escola em Contagem, onde se destacava entre os alunos e tinha muitos amigos.

Apesar de ser superestudioso, ele foi colocado na turma de quinta série F na nova escola – a última na escala baseada nas notas dos alunos. Mas ele seguiu dedicado e, no ano seguinte, foi para a sexta série turma A, mas não se adaptou. "Era uma turma completamente diferente, eram os meninos que iam pra escola de escolar, porque moravam no Centro. Eram filhos de profissionais liberais, professoras, advogados. Tirando eu e outros dois, todos eram brancos. Não me adaptei a essa turma e, na sétima série, eu pedi pra ir pra sétima C, uma turma de transição entre a A e a F."

A escolha no ensino médio pelo magistério determinou o caminho do futuro professor. Rodrigo surpreendeu a todos, já que o magistério costumava ser o curso escolhido pelas moças, enquanto a contabilidade era o indicado para os rapazes.

Em paralelo ao curso de Ciências Sociais, Rodrigo trabalhava para conseguir dinheiro para se manter na universidade. Por ser bom datilógrafo, passou a prestar esse serviço em trabalhos acadêmicos. Nessa época, conheceu uma amiga que estudava relações raciais na USP que lhe fez uma pergunta: "você já sofreu racismo?". Rodrigo respondeu que não tinha sofrido, mas ela logo contrapôs: "Você não sofreu porque fingiu que não sofreu nada". Rodrigo ficou indignado com a provocação, mas foi uma mudança de chave. A partir daquele momento, ele passou a refletir acerca da própria identidade.

No segundo semestre dos anos 2000, Rodrigo perguntou a si próprio sobre o que era ser negro, e a resposta veio na forma do texto "Morre mais um neguinho", que escreveu no início do curso de graduação em Ciências Sociais na Faculdade de Filosofia, Ciências e Letras (Fafich) da Universidade Federal de Minas Gerais (UFMG). "Foi o primeiro artigo acadêmico que publiquei e tinha um caráter meio autobiográfico. Escrevendo esse texto, talvez, pela primeira vez, tenha politizado a minha cor. Fiz uma reflexão sobre o meu pertencimento, sobre as experiências raciais vivenciadas. Comecei a me dar conta que eu sempre vivi coisas de negros."

Tempos depois, ele foi apresentado a Nilma Lino Gomes, professora da Faculdade de Educação (FaE) que teve papel fundamental na trajetória do jovem. Embora ela fosse professora da FaE, orientou o trabalho de conclusão de curso de Rodrigo na Fafich. Tempos depois, Rodrigo ingressou no mestrado em Sociologia e, depois, já na FaE, passou a ser orientado por Nilma no doutorado.

Junto a Nilma, Rodrigo acompanhou as primeiras articulações para a criação do Programa de Ação Afirmativa. Rodrigo passou a ser formado por Nilma. "A ação afirmativa mudou minha vida e como que eu transformei isso em pauta de vida."

Rodrigo transformou a própria vivência em substrato de uma complexa teoria, que desenvolveu como sociólogo, pesquisador, professor e gestor. A trajetória e carreira acadêmica foram construídas ao mesmo tempo em que ele foi um dos articuladores das ações afirmativas na maior universidade de Minas e uma das mais importantes do Brasil.

Onze anos depois de ter escrito o texto "Morre um neguinho", em 2021, o entendimento elaborado sobre o que é ser negro se concretizou no livro *Quem quer (pode) ser negro no Brasil?*. A obra conjuga a trajetória de Rodrigo na construção, implementação e acompanhamento das bancas de heteroidentificação da UFMG e a experiência dele enquanto aluno negro, que ingressou na UFMG num momento em que a universidade ainda não adotava políticas afirmativas, e depois como professor que ajudou a implementar políticas para garantir o acesso e a permanência de estudantes negros na academia.

A participação na gestão das políticas de ação afirmativa na universidade se embasa na carreira de pesquisador. No doutorado, Rodrigo escreveu a tese "Ações afirmativas, educação e relações raciais: conservação, atualização ou reinvenção do Brasil?". Rodrigo teve atuação fundamental para que o tema começasse a ser discutido na UFMG e acompanhou de perto o debate nacional. Em março de 2010, estava presente na Audiência Pública no Supremo Tribunal Federal (STF), que tratou da política de cotas raciais. Entre os anos de 2015 e 2016, ocupou o cargo de Coordenador Nacional de Relações-Étnico Raciais da Secretaria de Educação Continuada, Alfabetização, Diversidade e Inclusão do Ministério da Educação.

Quando voltou a Minas em três anos (2016, 2017 e 2018), esteve à frente de funções fundamentais para a implementação das ações afirmativas na UFMG. Rodrigo atuou como professor na disciplina "Estado, Sociedade e a produção das desigualdades raciais". Uma disciplina inovadora que foi oferecida na Formação Transversal em Relações Étnico Raciais e História da África. Integrou a Coordenação do Programa Ações

Afirmativas na UFMG e, tempos depois, assumiu como pró-reitor adjunto de Assuntos Estudantis.

O campus da UFMG nunca foi sonhado como local de trabalho para Rodrigo. A universidade estava muito distante da realidade da família do menino. Como estudante negro, do ensino fundamental ao médio, conviveu com situações de discriminação e preconceito, mas só foi refletir sobre isso tempos depois.

A exemplo de Rodrigo, a cor da pele e os traços fenotípicos, que demonstram a singularidade dos sujeitos, mas também o pertencimento a grupos étnicos, marcam a trajetória de estudantes negros – nem sempre de forma positiva.

Rodrigo destaca que o sistema educacional brasileiro é racialmente formado. E os efeitos dessa maneira como o ensino está estruturado serão maiores quanto mais retinta for a pele do estudante. O estudante negro terá mais dificuldade de se formar do que o estudante branco, não por fatores relacionados às habilidades, mas por outras questões.

As políticas de cotas foram criadas com o objetivo de restabelecer condições igualitárias aos estudantes negros, brancos, indígenas e portadores de deficiência. No entanto, depois de muita luta para a implementação das cotas, uma situação inusitada começou a ser percebida, colocando em risco a efetividade das cotas raciais.

Usos indevidos de cotas raciais começaram a ser denunciados. Uma reportagem do jornal Estado de Minas, "Movimentos negros denunciam fraude nas cotas raciais na UFMG", publicada em 11 de abril de 2016, apresentava denúncias de fraude por estudantes que ingressaram pelo sistema de cotas, mas não eram fenotipicamente negros. Na reportagem "Brancos usam cota para negros e entram no curso de medicina da UFMG", de 24 de setembro de 2017, a Folha de S. Paulo apresentou a foto do estudante Vinicius Loures, um jovem fenotipicamente branco, que usou a reserva de vagas para negros para ingressar no curso de Medicina da UFMG. As denúncias de fraude impulsionaram a abertura de sindicância. Também motivou a instituição da comissão de avaliação complementar à autodeclaração racial (heteroidentificação) na UFMG. A avaliação pela comissão passou então a ser uma das etapas do processo seletivo na instituição para os candidatos que optarem pela reserva de vagas. "Os candidatos que optarem pela modalidade de vaga reservada aos autodeclarados negros (pretos ou pardos) terão a condição racial confirmada por meio de procedimento de heteroidentificação, realizado por Comissão designada para tal fim."

No entanto, tal procedimento já foi alvo de muitas críticas. A primeira universidade a adotar a heteroidentificação foi a UnB, antes mesmo da aprovação da lei federal das cotas. No entanto, na lei federal, esse ponto não entrou, ficando definido que seria levado em consideração nos processos a autodeclaração dos candidatos. Embora não tenha ocorrido nenhuma mudança na legislação, as universidades criaram comissões de heteroidentificação. "A proposta da UnB estava muito vinculada ao entendimento do racismo como estruturante das desigualdades. Então, as cotas eram para negros, e as comissões vinculadas ao Neab (Núcleo de Estudos Afro-Brasileiros da UnB) implementaram as bancas que foram logo intituladas de tribunais raciais", recorda-se Rodrigo.

Rodrigo lembra-se da capa da revista Veja que retratou os gêmeos univitelinos Alan e Alex. Na época, um foi lido como negro e o outro, não negro. "Quando a Veja e outros veículos mudam o discurso de cotas para negros para cotas raciais, fazem uma inflexão muito importante no debate, porque introduz a ideia de raça, da raça biológica. Isso vai ser tão forte que na audiência pública no STF em 2010, sobre constitucionalidade, o principal argumento dos contrários às cotas era que não se podia implementar uma política racial, porque raça biologicamente falando não existe."

"Um dos debates centrais era sobre a existência ou não de raça. O contra-argumento era que, como vivíamos numa sociedade miscigenada, seria impossível distinguir quem é negro e quem não é. A implementação de uma política com recorte de raça se baseia, justamente, no pressuposto da diferenciação", pontua Rodrigo, que preside a Comissão Permanente de Ações Afirmativas e Inclusão da UFMG.

O esforço da UnB em propor cotas raciais perde muita força para o discurso de que a desigualdade é social. "As cotas raciais acabam virando subcotas. Teve uma acomodação de conflitos. A lei mantém uma reserva para pretos e pardos, mas não com a previsão da heteroidentificação que tinha muita resistência naquele momento. É a implementação da política que vai mostrar a necessidade de acompanhamento". O processo não teve mudanças na lei. No entanto, em 2014, se aprova a Lei de Cotas nos concursos públicos.

É no âmbito dos concursos que se discute a heteroidentificação. Uma orientação normativa do Ministério do Planejamento de 2016 prevê comissões de heteroidentificação. E as comissões nas universidades se organizam com base nessa orientação.

O pesquisador se dedica a entender o processo de heteroidentificação e propõe três categorias que vão além de branco e negro. Ele propõe as categorias de "mestiço desracializado", "negro essencializado" e "branco idealizado". As categorias refletem percepções em relação às características fenotípicas que, de alguma maneira, guiam as ponderações dos sujeitos quando eles vão se autodeclarar. Existe um ideal de branco, ou seja, algumas características fenotípicas que caracterizam o branco, como olhos claros, cabelo liso e pele branca. Em relação ao negro, também há uma ideia essencializada do negro, quase sempre associada aos negros de pele preta e algumas características fenotípicas.

O alto grau de miscigenação do povo brasileiro permite a ideia do mestiço, ou seja, pessoas que têm descendentes negros e brancos. Parte de pessoas desse grupo não são lidas como negras, ou seja, não têm traços mais associados à negritude, no entanto, podem reivindicar a ancestralidade negra por ter avós ou algum antepassado negro. "O imaginário social sustenta que para ser branco tem que ter olhos claros, cabelo liso, pele branca. Uma pessoa que tem cabelo enrolado diz que não é branca: não sou branco, olha o meu cabelo, portanto, vou para a coluna do meio, o pardo", afirma Rodrigo.

Entender como essas pessoas de diferentes tons de pele se encaixam ou acessam a política de cotas é fundamental para melhor acompanhamento da política. Quando acessamos as fotografias de formatura de diversas turmas, esse índice não altera a diversidade nos rostos dos graduandos.

De acordo com o Censo da Educação Superior, de 2009 a 2016, desde a inserção da categoria raça/cor na modalidade de ingresso até o momento de concretização dos 50% da reserva de vagas da lei, 266.302 estudantes pretos, pardos e indígenas ingressaram como cotistas em universidades federais e estaduais. O censo mostra um aumento ano a ano: em 2009, 7.889; em 2010, 9.980; em 2011, 12.155; em 2012, 13.514; em 2013, 21.745; em 2014, 50.942; em 2015, 63.360; e em 2016, 86.717.

"Vemos um aumento muito significativo no número de cotistas e no número de estudantes negros de maneira geral", afirma o professor da Faculdade de Educação da Universidade Federal de Minas Gerais. O número de ingresso de estudantes negros foi maior que o número de incremento de novas vagas. "Ele não entrou só porque teve novas vagas. Isso também aconteceu, mas teve uma mudança de público que gera muito ressentimento", avalia.

As bancas

As bancas de heteroidentificação passaram a integrar o processo seletivo das universidades para o sistema de cotas. As primeiras bancas de heteroidentificação na UFMG foram realizadas em fevereiro de 2019. Os avaliadores não têm levado em conta a ancestralidade, mas o conjunto de características fenotípicas que, no Brasil, é o que faz com que as pessoas sejam alvo potencial do racismo ou não na sociedade brasileira.

O pesquisador discute no livro *Quem quer (pode) ser negro no Brasil?* que, embora o texto da Lei de Cotas não diga negros, e sim pretos e pardos, o espírito da lei é o reconhecimento de que pretos e pardos são parte da população negra e que isso está em todos os documentos. O voto de Ricardo Lewandowski, no STF, deixa muito evidente que o que está em questão é a reserva de vagas para pessoas negras.

O pesquisador prefere o termo "uso indevido das cotas" ao termo "fraude". "As pessoas usam de desconhecimento ou má-fé para reivindicar um lugar de pardo, mesmo sem reivindicar o lugar de negro". Muitas pessoas dizem "eu sou pardo porque sou filho de uma pessoa negra e uma branca, portanto não sou negro nem branco".

O pesquisador denomina essas pessoas de mestiças desracializadas: "ela vai reivindicar esse lugar de mestiço, pardo, sem se vincular a nenhum grupo racial. Ela então não seria público-alvo da política, mas ainda assim ela reivindica".

A categoria negra, composta por pretos e pardos, surgiu a partir de uma luta política do Movimento Negro. "Houve uma mobilização para que os brasileiros se autoidentificassem como negros. Essa autodeclaração levou ao aumento na categoria negros no Censo. Nas bancas de heteroidentificação, essa ancestralidade não é levada em conta". No entanto, o pesquisador não entende que haja contradição entre esses dois discursos:

de as pessoas que tiveram um antepassado negro se autodeclararem negras, e de que essa ascendência não seja levada em conta nas bancas de heteroidentificação.

"Quando a gente pergunta: 'quem quer ser negro', a gente está trabalhando com essa mobilização que o Movimento Negro produziu, que é a de criar positivação de uma identidade racial. E essa positivação estava muito construída a partir da ideia de ancestralidade – a ideia do afro-brasileiro entra aí. A raiz brasileira passa muito pelos africanos, pela raça negra". No entanto, ele defende que é preciso, além da ancestralidade, levar em conta que "nem todo afrodescendente é necessariamente alvo do racismo, já que o racismo incide a partir do corpo." "Afinal, nossas mães e avós negras não nos acompanham nas ruas, na escola ou no *shopping* onde a discriminação incide em nossos corpos e não em nossa ancestralidade".

Primeiro a politização e racialização da cor

"Não deixe sua cor passar em branco" era o título de uma campanha do movimento negro na década de 1990. Com a implementação de uma política pública destinada a esse grupo, a partir dos anos 2000, gera-se uma vantagem relativa em se declarar negro. "Quando entram benefícios limitados, os recursos não são para todo mundo, começa uma disputa sobre quem pode ser negro. A dimensão do racismo vai ser trazida de volta ao debate. É ela que justifica a implementação das políticas".

Antes da realização das bancas, os coordenadores das comissões explicam os procedimentos para as pessoas. "É necessário tentar ampliar essa compreensão. Essa política de heteroidentificação mexe com a identidade nacional", afirma. É algo que, como conta o professor, deveria mobilizar estudantes do ensino médio, pessoas que nunca tiveram oportunidade de pensar sobre isso e que são convocadas na hora da seleção a decidir. "Quando o estudante vai colocar o x lá, ele vai ter que pensar. Não é que as pessoas chegam no Enem mal-intencionadas, baseadas numa má-fé. Por isso, não chamo tudo de fraude. Tem muita coisa que é uso indevido".

Como forma de contribuir para a ampliação desse debate entre jovens do ensino médio, o professor Rodrigo se prepara para iniciar um projeto de extensão intitulado "Pra Quem as Cotas? Papo reto sobre Ações Afirmativas e identidade racial com jovens", que será desenvolvido com jovens matriculados em diferentes campi do Instituto Federal de Minas Gerais, do Instituto Federal do Norte de Minas Gerais e do Instituto Federal do Sudeste de Minas Gerais. O projeto será financiado por uma emenda parlamentar destinada pela ex-deputada federal Áurea Carolina.

CAPÍTULO 10

Lei de Cotas – Dez anos e além

A Suprema Corte dos Estados Unidos decidiu, no dia 29 de junho de 2023, que as ações afirmativas para negros, hispânicos e outros grupos historicamente excluídos são inconstitucionais. Os sistemas de seleção para ingresso em universidades dos Estados Unidos e do Brasil são bem diferentes. Por lá, há uma combinação de fatores entre testes, cartas de intenção, histórico do aluno e outros, como etnia, doações da família para a instituição e legado, que leva em consideração se os pais já passaram pela universidade. Apesar disso, a ação afirmativa utilizada por lá sempre foi levada em consideração nos debates para a implantação das cotas por aqui.

Por isso, naquele mesmo dia, a deputada federal Erika Hilton (PSOL-SP) foi ao Twitter para pontuar como aquela decisão poderia incidir no país. "Aqui no Brasil, é diferente", escreveu. "Não há no horizonte nenhum novo julgamento pelo STF a respeito da constitucionalidade das cotas. E, nas duas vezes em que o STF julgou a constitucionalidade das políticas afirmativas (em 2012 e 2017) as cotas raciais foram aprovadas de forma unânime". Erika seguiu escrevendo que, por lá, a corte é dominada por magistrados conservadores e que grande parte dos ministros brasileiros que participaram do julgamento de 2017 continuam atuando no Supremo Tribunal Federal. Ela alertou, entretanto, que o reflexo no Brasil pode ser discursivo e narrativo. Se essa decisão fosse tomada em 2022, talvez a tônica do debate em torno das cotas tivesse sido diferente.

Abrir o último capítulo do livro que celebra a reserva de vagas no Brasil com uma notícia negativa serve como alerta de que a batalha pela inclusão ainda não foi totalmente vencida. Como se sabe, 2022 era o ano previsto para a revisão da Lei de Cotas, que foi adiada após entendimento de que fazê-la sob um governo de extrema-direita poderia acarretar retrocessos no país. Na eleição de outubro de 2022, o candidato à reeleição Jair Bolsonaro sequer citou as cotas em seu programa de governo, seja para sua manutenção ou sua extinção, apesar da manifestação expressa de aliados contra a legislação. Enquanto isso, as universidades seguem em seu processo de transformação. Quem anda pelos campi pelo Brasil pode identificar na prática as mudanças advindas pela implementação das cotas. Uma conquista alcançada há dez anos, mas fruto de lutas que somam mais de um século e que está refletida na diversidade dos estudantes que, agora, podem acessar o ensino superior gratuito e de qualidade. Essa mobilização, de certa forma, apontou para a necessidade de o perfil do alunado estar mais próximo à composição da população brasileira, em sua diversidade de grupos (brancos, pretos, pardos e indígenas), e demonstrou que as estruturas das universidades precisavam se tornar mais porosas à presença desses muitos rostos.

    Toda a mobilização mostrou que era preciso refletir se o tripé ensino, extensão e pesquisa estava em consonância com os direitos determinados na Constituição de 1988 para todos os brasileiros, incluindo pessoas de grupos marginalizados socialmente. Os diagnósticos demonstravam, no entanto, que, embora as universidades sejam por excelência o espaço da alteridade, elas ainda eram atingidas, a exemplo de outras instituições, pelas desigualdades geradas pelo racismo estrutural que conforma a sociedade brasileira. Dessa forma, o sistema de cotas colocou a universidade para pensar sobre os rumos da própria universidade, ampliando o debate para se pensar acesso, educação e democratização do ensino no país.

Na esteira desse movimento, pesquisadores dessa nova universidade passaram a analisar o impacto das ações afirmativas, dentre as quais, as cotas, sobre a realidade do ensino superior no país. O Consórcio de Acompanhamento das Ações Afirmativas é um grupo composto por pesquisadores de universidades como UERJ, UFRJ, USP, UFMG, UFBA, UFSC, Unicamp e UnB. Em 2022, o consórcio realizou uma análise de 980 publicações sobre políticas de ação afirmativa publicadas entre 2006 e 2021. O levantamento mostrou que 71% desses estudos avaliam as cotas raciais de forma positiva, enquanto 62% fazem o mesmo em relação às cotas sociais.

O pesquisador Adriano Senkevics, que atua na Diretoria de Estudos Educacionais (DIRED) do Instituto Nacional de Estudos e Pesquisas Educacionais Anísio Teixeira (INEP), figura entre os autores das publicações que mostram o impacto positivo da aplicação da Lei de Cotas.

"Eu gosto do desenho dessa legislação com critérios mistos, apesar dos problemas que ela possa ter", avalia Senkevics. Ele se refere às regras que combinam exigência de formação em escola pública, renda e raça/etnia. "A gente vê que os maiores beneficiários da Lei de Cotas foram os estudantes pretos, pardos e indígenas". No artigo "Mérito ou berço? Origem social e desempenho no acesso ao ensino superior"[9], assinado com Flávio Carvalhaes e Carlos Costa Ribeiro, o autor identificou que estudantes pretos e indígenas com a mesma renda que estudantes brancos tinham menor entrada no ensino superior. O que prova que o fator cor/raça é fundamental no acesso à universidade.

Em 2016, quatro anos após a aprovação da legislação, o percentual de oriundos de escolas públicas, que era de 55%

---

9 https://publicacoes.fcc.org.br/cp/article/view/9528

em 2012, saltou para 64%[10]. Quando se observa o percentual de pretos, pardos e indígenas, os números variam de 28% para 38% de ingressantes no mesmo período, o maior crescimento relativo entre os cobertos pela lei.

Outra tendência identificada pelo pesquisador é que, após a implantação da lei, ocorreu uma tendência de "escurecimento" dos inscritos no Enem[11]. Em 2010, os brancos eram 43% dos inscritos, ante 39% de pardos e 11,8% de pretos. Seis anos depois, quatro após a reserva de vagas, o placar inverteu para 46,4% de pardos, 35,3% de brancos e 13,4% de pretos. "Isso é fruto de processo de ressignificação identitária, porque não havia nenhuma razão demográfica para esse aumento a não ser uma mudança mais cultural", analisa.

O pesquisador Rodrigo Ednilson de Jesus, professor da Faculdade de Educação da UFMG, ao analisar os dez anos de implementação dessa política, sugere uma imagem bastante interessante para descrever esse movimento que o sistema de cotas permitiu, tanto dentro das universidades como na sociedade brasileira como um todo: "é o encontro do Brasil com o Brasil". Como destacou Adriano Senkevics, não houve um crescimento acelerado da população preta e parda a partir de 2012, o que ocorre, na verdade, é um movimento de reconhecimento da negritude, que já vinha desde o censo de 1991. Naquela época, o movimento negro levantou o movimento "Não deixe sua cor passar em branco", visando reverter a política de embranquecimento da população.

A partir do argumento de Rodrigo Ednilson, podemos destacar a existência de, pelo menos, dois Brasis, o que demonstra que há diferentes realidades no país quando se é observada a composição do povo brasileiro. A afirmação parte da cons-

---

10 http://educa.fcc.org.br/scielo.php?pid=S0100-15742019000200184&script=sci_arttext
11 https://www.scielo.br/j/dados/a/KS9p9Mvbz83j8tYx45S7N4m/?lang=pt#

tatação de que há um desencontro entre a riqueza dessa formação multiétnica e cultural do Brasil e o Estado brasileiro. No entanto, o sistema de cotas transforma a universidade, lócus da produção de conhecimento e saber – não o único, principalmente em uma sociedade formada por saberes plurais e, muitas vezes, periféricos, mas, de certa forma, o mais balizador dentre os demais.

E o que um olhar atento de quem caminha por um campus universitário pode revelar? Os cabelos *black power* e os rostos pintados dos alunos indígenas são indícios do orgulho de jovens que chegam à universidade inteiros, com histórias de vida e trajetórias. As primeiras gerações de cotistas chegaram a um ambiente hostil que fazia com que tivessem de elaborar maneiras de dizer publicamente que eram beneficiários da política de ação afirmativa sem que isso pudesse ser usado para, mais uma vez, colocar em xeque as capacidades desses estudantes. No entanto, passado o momento de receio e, de certa forma, um "se esconder", esses jovens se colocam em posição pró-ativa, num ato de afirmação, de dizer: "sim! Sou cotista. Estou aqui e quero que essa universidade possa ser espelho".

Mudança na trajetória

A formação em universidades públicas permite aos egressos buscarem melhores posições no mercado de trabalho. Os diplomas conquistados em instituições de excelência colocam o profissional, em muitos momentos, em situação de disputar as melhores vagas e posições nas empresas, sejam elas nos setores público, privado ou no terceiro setor.

O universo de possibilidades acadêmicas que se abre para o estudante também é vasto. A interação, ao longo do curso, com pesquisadores de referência abre a possibilidade de carreiras acadêmicas, que permitirão a atuação como pesquisadores e docentes. Também permitem aos jovens questionarem estruturas do mercado de trabalho e da própria academia.

Muitas vezes, o não encaixe desses jovens e trajetórias em modelos, seja na universidade ou no setor privado, podem gerar novas formas de organização e até mesmo projetos no terceiro setor.

Depois de integrar a primeira turma de cotistas da UnB, Aline Pereira da Costa foi aprovada em concurso público para educadora social na Secretaria de Desenvolvimento Social do Distrito Federal, em 2010. Ela destaca que ter cursado a UnB foi imprescindível para ingressar no serviço público. "É uma conquista familiar e coletiva." Essa mudança traz um impacto financeiro para toda a família, que melhora o padrão de vida.

A jovem também prosseguiu com a formação e ingressou no mestrado do Cefet Rio, produzindo conhecimento sobre a juventude negra, objeto de suas pesquisas acadêmicas.

Aline, embora saiba que o fato de ser egressa de uma das mais importantes universidades brasileiras abre as portas do mercado de trabalho, entende que ter sido aluna cotista tem impactos também na sua família e entre as pessoas da comunidade de onde vem. Ela lembra que não só ela alcançou a universidade pública, mas que essa conquista influenciará as gerações futuras.

Antes de Aline, ninguém na família dela havia ingressado na universidade. "É um marco que permite mobilidade na família. Com a universidade consigo alcançar espaço que ninguém tinha alcançado." Duas pessoas da família também entraram na universidade pelo sistema de cotas. "Depois disso, consigo ver que isso representou um símbolo de possibilidade para outras pessoas da minha família. Tenho irmã e prima que entram na universidade pública em Santa Catarina. Ela me disse que fui inspiração", afirma.

Os mais de trezentos anos de escravidão no Brasil deixaram marcas na construção da imagem do negro, tanto na forma como ele se percebe quanto na maneira que a sociedade o enxerga. À medida que jovens negros entram nas universidades, começam a se formar e passam a exercer as respectivas profissões, podemos observar uma mudança nessas representações: desde o entendimento de que negros podem ocupar as mais diversas áreas profissionais – médicos, engenheiros, professores, filósofos, jornalistas – como também se começa a disseminar história de pessoas negras bem-sucedidas financeiramente. O sistema de cotas, portanto, gera um impacto nas subjetividades.

Douglas Damasceno se tornou o primeiro médico da família e, hoje, atua na rede hospitalar de Minas Gerais. A conquista do título popular de "doutor" é uma grande vitória para um jovem que cresceu em uma comunidade em que nem todos têm acesso à educação de qualidade, ainda mais no curso mais concorrido em todas as universidades. Certamente, isso traz ganhos, de *status* moral e financeiro, que devem reverberar em toda a família. É nesse ponto que a transformação da sua vida pode representar mais para os outros que para ele próprio. Ele será exemplo na família e na comunidade.

A profissão, por sua vez, ganha um profissional que refletiu e incidiu sobre questões raciais no curso de Medicina. Desde os primeiros atendimentos, ainda como estagiário em hospitais e centros de saúde, ele já sentia a diferença que um médico com cara de povo faz no atendimento. "As pessoas se sentem mais à vontade para falar dos problemas", reflete. As transformações na vida de Douglas, facilitadas pelo sistema de cotas, podem reverberar na educação, na saúde pública e na vida das pessoas.

Não é diferente com Thamires Vieira. Junto a ela, o movimento nacional do cinema negro brasileiro vem pautando mudanças radicais nos modos de representação e de produção de imagens no Brasil, com impactos que não se resumem ao cinema, mas que alcançam o imaginário produzido pela televisão aberta, com suas novelas, programas de entretenimento e, inclusive, mídias jornalísticas.

Hoje, Thamires está no processo de desenvolvimento de seu primeiro longa-metragem, feito que a colocará junto às pouquíssimas mulheres negras que desenvolveram e distribuíram um longa-metragem de ficção no país. O número é quase irrisório: em 1984, Adélia Sampaio tornou-se a primeira mulher negra a exibir, nas salas comerciais de cinema do país, *Amor Maldito*, um longa de amor lésbico que circulou em plena ditadura militar, dirigido por ela. O ato seria repetido por Glenda Nicácio, também formada pela Universidade Federal do Recôncavo Baiano, trinta e três anos depois: em 2017, a mineira lançaria *Café com Canela* numa codireção com Ary Rosa.

Na mesma lógica de aquilombamento que reflete a vida de muitas pessoas negras, Thamires sabe que não está sozinha e esforça-se para, sempre que possível, trazer os seus para junto de si: "Na montagem das próprias equipes de produção, eu sempre trago uma, duas pessoas pretas. Afinal, esse esforço é também o exercício de aprender, entender, confiar, criar a nossa própria rede, capacitar os nossos e valorizar os que já estão capacitados".

Mudança na comunidade

Desde quando ela se formou como cotista, Aline assumiu a defesa da política de cotas. Essa opção influenciou as pesquisas acadêmicas que ela faz, a monografia no final do curso e o trabalho de conclusão de curso da especialização em adolescência e juventude. Ela focou na juventude negra. Depois ingressou no mestrado em relações raciais no Cefet Rio, abordando juventude e relações raciais. "O fato de ter entrado pelo sistema de cotas direcionou minha trajetória acadêmica e profissional".

Como Aline, uma geração de jovens negros e indígenas produz conhecimento sob uma outra perspectiva. Esse conhecimento retorna às comunidades de diversas formas. É o caso de Thamires Vieira, em Cachoeira. É o caso de Douglas Damasceno, que em breve iniciará a residência. As pessoas passam a ser atendidas por um médico negro, o que mexe com as percepções e os seus próprios entendimentos da imagem de um médico formado.

Mudança na universidade

Além das histórias individuais que marcam famílias e comunidades, há uma mudança nas próprias universidades. O sistema de cotas implica em mudança nos currículos, na pesquisa e até mesmo na composição do corpo docente.

Em 2015, o Programa Ações Afirmativas da Universidade Federal de Minas Gerais fez esta proposta para a universidade, que foi acolhida: a criação da Formação Transversal em Relações Raciais e História da África, um conjunto curricular oferecido para estudantes de diferentes cursos sobre a temática de relações raciais, percurso que pode se tornar formação complementar dos cursos de graduação.

Naquele período, Rodrigo ofertou a disciplina "Juventude negra, gênero e infância", que teve sessenta estudantes de diferentes cursos da UFMG. 80% dos estudantes matriculados eram negros e dez eram da Medicina. "Isso não seria possível sem as cotas. Não seria possível ofertar uma disciplina que tivesse essa demanda e que tivesse espaço tão diverso e distinto de outras disciplinas, que os estudantes pudessem encontrar com outros, um coletivo, e pudessem levar esse debate para seus cursos: pudessem problematizar os currículos dos cursos, as abordagens, e tivessem potencial de, depois de sair, ter profissionais negros e negras que politizam a desigualdade". A presença dos estudantes cotistas muda a pesquisa na universidade: a presença de indígenas e quilombolas, por exemplo, motivou a criação de linhas de pesquisa que contemplassem a cultura desses estudantes. "Estamos com estudantes indígenas. Alguns com muita dificuldade na língua portuguesa. A gente tem curso de português para indígena. Parte do entendimento que o português não é a língua materna dos povos indígenas. O Instituto de Letras forma turma para que indígenas e quilombolas possam acompanhar com sucesso os cursos", conta Zélia Amador de Deus, professora da UFPA. De acordo com a administração da Universidade, a instituição recebe alunos indígenas de 41 etnias.

Epistemicídio

Ao chegarem às universidades, estudantes negros e indígenas levam consigo saberes de outros matizes que não o da ciência moderna. Nesse sentido, a implantação dos sistemas de cotas pode revelar a importância de maior equilíbrio entre os diversos saberes. O conceito de epistemicídio designa o apagamento e até mesmo a destruição de saberes pela lógica colonial-capitalista. Esse apagamento se engendra pela via do discurso, acompanhado também de uma espécie de assassinato das línguas locais. A expansão europeia no período colonial representou a eliminação de povos e modos de vida. Há uma subalternização, marginalização de culturas. Boaventura faz uma crítica à ciência moderna que provoca o epistemicídio de outros tipos de conhecimento (de saberes considerados não científicos).

Em 2019, o Jornal da Unicamp lançou a pergunta: o que pode ser feito para combater o racismo no mundo acadêmico? A publicação apresentou as reflexões realizadas por professores da instituição sobre como o racismo se refletia no mundo acadêmico. O primeiro aspecto apontado pelos professores tem relação com o modelo das universidades e com os conteúdos. A principal crítica se refere à maneira como o ensino superior brasileiro se espelha na tradição das universidades europeias. Para tratar do tema, eles recorrem ao conceito de epistemicídio proposto pelo sociólogo português Boaventura de Sousa Santos.

O sistema de cotas também coloca em reflexão a composição do corpo docente. Além de se verem nos currículos, os estudantes querem também se ver nos professores. Um levantamento feito pela UnB, em 2016, apontou que a instituição tinha 65 professores autodeclarados negros em um universo de 3.670 docentes, o que corresponde a 1,77% de quem leciona lá. Na ocasião, o então reitor Ivan Camargo concedeu entrevista ao G1 DF: "Você tinha poucos negros antes nas universidades, e a UnB se posicionou claramente contrária a isso, instituindo as cotas, anos atrás. Esse processo é lento, você tem que formar pessoas, em seguida fazer mestrado, doutorado. Não se faz isso em 15 anos. Mas tenho certeza de que o início desse processo de transformação já está acontecendo".

Desigualdades no Brasil

No relatório "Desigualdades Sociais por cor ou raça no Brasil", divulgado pelo Instituto Brasileiro de Geografia e Estatística (IBGE) em 2020, indicadores sociais apontam maiores níveis de vulnerabilidade econômica e social nas populações de cor ou raça preta, parda e indígena. As análises levam em conta os indicadores de 2018.

No mercado de trabalho, 68,6% dos cargos gerenciais são ocupados por brancos, frente a 29,9% por pretos e pardos. O relatório apontou que, embora a população negra represente 55,8% dos brasileiros, os negros são apenas 27,7% das pessoas quando se consideram os 10% com os maiores rendimentos. Os dados atestam que, quanto mais alto o rendimento, menor é a ocorrência de pessoas ocupadas pretas ou pardas.

Na outra ponta, na população subocupada, 29% são de pretos e pardos e 18,8%, de brancos. O desequilíbrio se apresenta também na distribuição de renda: o número de negros abaixo das linhas de pobreza é o dobro da população branca. Enquanto 32,9% de pretos e pardos vivem com renda inferior a US$ 5,50 por dia, entre os brancos a taxa é de 15,4%.

E as desigualdades da população negra seguem na educação: a taxa de analfabetismo entre pretos e pardos é de 9,1%, um pouco mais que o dobro do que entre brancos, 3,9%. Enquanto isso, os negros são as principais vítimas de homicídios: entre os negros essa taxa é de 98,5 para cada 100 mil habitantes (em 2017). Entre os brancos, 34 para cada 100 mil habitantes. Em 2018, dos deputados federais eleitos, 24,4% eram pretos e pardos e 75,6% brancos.

Os indicadores demonstram que ainda é preciso caminhar muito para que as desigualdades sociais por cor e raça sejam superadas no Brasil. Como já abordamos, o ano previsto para a discussão sobre a legislação de cotas coincidiu com a campanha eleitoral. Por acordo entre parlamentares e por pressão do movimento negro, o debate foi adiado para 2023, sob nova legislatura. A virada do ano também mudou a chave do teor do debate. Dezembro de 2022 marcou o fim de um governo hostil às políticas de inclusão para a população negra e indígena, liderado por Jair Bolsonaro, notório por declarações racistas. A partir de janeiro do ano seguinte, acompanhamos a retomada do Ministério da Igualdade Racial e o retorno de lideranças negras ao ministério, ainda que em número menor que a proporção desse grupo na população. Se até 2022 a luta era pela manutenção, sem perdas, da lei aprovada dez anos antes, agora é possível vislumbrar aperfeiçoamentos. Tanto o modelo de seleção para os públicos já contemplados pode receber incrementos quanto novos públicos podem pleitear por inclusão no sistema de cotas, como é o caso da população trans.

Para além das vidas relatadas aqui, outras trajetórias podem ser transformadas pela política pública que deu início ao fim de uma história marcada pela exclusão.

EPÍLOGO

A sessão na Câmara dos Deputados para votação da revisão

A deputada Dandara (PT-MG) estava confiante na aprovação do projeto de lei que revisa a Lei de Cotas. Ela usava um turbante dourado na cabeça, item do vestuário que se tornou parte da sua identidade política e uma reafirmação da ancestralidade. A revisão da Lei de Cotas veio em 2023, embora a previsão tenha sido feita em dez anos de vigência da política. Depois de um amplo debate na sociedade brasileira, o projeto de lei que revisa a política foi apreciado em primeiro turno na sessão de 9 de agosto de 2023.

A sessão retomou o debate acalorado da aprovação das cotas raciais na tramitação do Congresso em 2012. Por parte dos defensores das políticas afirmativas havia uma apreensão de que pudesse haver não aprovação da continuidade dessa política de ação afirmativa. A revisão deveria ter sido feita em 2022, no governo de Jair Bolsonaro, mas o entendimento é que o ambiente político com a presidência ocupada por Luiz Inácio Lula da Silva tornou-se mais favorável à aprovação.

Mesmo com a mudança de cenário no executivo, era necessário garantir os acordos no Legislativo, e o respaldo da sociedade foi fundamental. A ministra da Igualdade Racial, Anielle Franco, o senador Paulo Paim (PT/RS) e a deputada estadual Macaé Evaristo (PT-MG) foram ao plenário em apoio à bancada de deputados negros e indígenas na sessão histórica. Ali estavam presentes Dandara, Carol Dartora (PT-PR), Daiana Santos (PCdoB-RS), Célia Xakriabá (PSOL-MG),

Reginete Bispo (PT-RS), Talíria Petrone (PSOL-RJ), Pastor Henrique Vieira (PSOL-RJ) e Vicentinho (PT-SP).

A mudança do Brasil de 2012 a 2023 pode ser vista na composição da Câmara dos Deputados. A presença de Dandara evidencia um aumento na representatividade, com a eleição de mulheres negras, e também demonstra a revolução que foram as cotas raciais. "Agradeço ao povo brasileiro por ter eleito a primeira Deputada cotista do Congresso Nacional, que assumiu a dura responsabilidade de relatar a maior vitória e conquista dos movimentos brasileiros desde a redemocratização", afirmou Dandara.

A revolução na vida pessoal de Dandara resultou em ganhos para todo o coletivo, conforme evidenciou a parlamentar na relatoria do projeto de lei: "Eu sou resultado da Lei de Cotas. Tenho muito orgulho de ter sido cotista na graduação e na pós-graduação. Se não fosse a Lei de Cotas, nobres Deputados e Deputadas, eu não estaria aqui. Se não fosse a ação afirmativa de reserva de vagas, não teríamos uma jovem negra de periferia, professora, mestre em educação e Deputada Federal".

A presença tanto de Dandara como de Célia Xakriabá representa outros jeitos de fazer política em que cabe o canto de uma indígena na sessão. "Presidente, em nome da universidade, que aumentou mais de 500%, e da população indígena na universidade, que hoje chega a mais de 70 mil, quero parabenizar a companheira Deputada Dandara, porque entendemos que lutamos por uma universidade como nós queremos, sem matarem o que nós somos", afirmou.

A votação foi simbólica, e os partidos votaram conforme consenso construído entre os líderes numa negociação conduzida por Dandara. Apesar do consenso, os opositores à proposta frequentaram argumentos já usados para desqualificar as ações afirmativas. Uma novidade que perpassou a argumentação dos contrários às cotas foi a mudança nos Estados

Unidos depois da decisão da Suprema Corte pelo fim das cotas raciais, em julho de 2023, como apresentado por Hélio Lopes (PL/SP) e Marcel Vanhattem (Novo-RS).

Hélio Lopes (PL-SP) posicionou-se contra o projeto dando um testemunho da infância pobre que viveu, ele que vem de família negra. Kim Kataguiri argumentou que estudos mostram que as cotas não dão certo. "A cota não soluciona o problema. Como já foi bem colocado pelo Deputado Marcel, o estudo mais robusto sobre o tema, feito pelo professor e cientista Thomas-Sowell, trouxe os efeitos negativos das ações afirmativas em relação às minorias. Isso é uma boa intenção que, na ponta, gera prejuízo". O deputado não citou, entretanto, os estudos científicos que atestam o sucesso das cotas.

Um dos pontos emocionantes da sessão foi o discurso da deputada Carol Dartora. "Primeiro, quero dizer que é um absurdo dizer que a política de cotas não foi bem-sucedida. A política de cotas é uma política bem-sucedida no mundo inteiro, é uma política que ataca diretamente o maior problema estrutural que existe neste país, que é o racismo. E o racismo no Brasil é o maior produtor de desigualdade. As cotas são bem-sucedidas, e isto não é uma fala vazia. Existem pesquisas que demonstram o quanto essa política realmente incluiu aqueles que tiveram negado o acesso ao ensino superior. Portanto, hoje é um dia histórico para este país, para a população preta, pobre, indígena e quilombola e para as pessoas com deficiência", argumentou.

A deputada Soraya Santos (PL-RJ), apesar da orientação do PL contra o projeto, posicionou-se em defesa dos sistemas de cotas. "Eu quero agradecer ao meu partido, que concordou em retirar a obstrução. Sei que a maioria no meu partido é contra a cota, mas, apesar de o encaminhamento do partido ser, pela sua grande maioria, contra a matéria, vários dos nossos Deputados e Deputadas são a favor dela", disse a deputada que lembrou que, em uma pesquisa quando aluna da Universidade Federal Fluminense, defendeu a tese "de tratar de forma diferente os desiguais para nos tornarmos mais iguais."

A proposta amplia o sistema de cotas: inclui os quilombolas e reduz a renda familiar para um salário mínimo por pessoa (antes era de um salário mínimo e meio). Outra mudança significativa é o preenchimento de vagas. Os cotistas concorrerão às vagas de ampla concorrência e, caso não atinjam a nota de corte, passarão para as vagas destinadas às cotas. As cotas também se estenderam para a pós-graduação. No entanto, a oposição conseguiu retirar do projeto a obrigatoriedade das bancas de heteroidentificação.

Ao final, os deputados e deputadas negras, com os deputados aliados brancos, fizeram uma foto que já entrou para a história. Todos no púlpito do plenário com cartazes escritos "eu voto sim pela Lei de Cotas" e com a bandeira do Brasil ao fundo.

AGRADECIMENTOS

Adriano Senkevics, Alcione Rezende, Aline Pereira dos Santos, Arivaldo Alves, Coletivo Lena Santos de Jornalistas Negras e Negros, Daniele Bendelac, Deusa Maria Sousa, Douglas Damasceno, Dyane Brito, Heloísa Starling, Ieda Leal, Ivo Ferreira, Jacira da Silva, Juarez Xavier, Lucas Maroca de Castro, Luiz Alberto, Lourdes Theodoro, Macaé Evaristo, Manuela de Morais, Matheus Gomes, Movimento Negro Unificado (MNU), Nelson Inocêncio, Rita de Cássia, Rodrigo Ednilson de Jesus, Sandro Luis Fernandes, Thamires Vieira, Vanessa Patrícia Machado Silva, Vânia Penha-Lopes, Zélia Amador de Deus.

QUEM SÃO OS AUTORES?

Márcia Maria Cruz

Márcia Maria Cruz é doutora em Ciência Política e mestre em Comunicação Social pela UFMG. Jornalista, coordena a comunicação da deputada Macaé Evaristo. Foi coordenadora do Núcleo de Diversidade do jornal Estado de Minas. É vencedora do Troféu Mulher Imprensa 2022 na categoria Diversidade! Integrou o *International Visitor Leadership Program* (IVLP) em *Media literacy* em 2018 nos EUA. Coordenou o curso de Jornalismo na Una e lecionou sobre o mesmo tema na PUC Minas e na Faculdade Promove. Foi presidente da Oficina de Imagens. É autora do livro *Morro do Papagaio*, da coleção "BH, a cidade de cada um", e *Maria Mazarello - preto no branco, lutas e livros*, da Editora Contafios. Integra o Coletivo de Jornalistas Negras e Negros Lena Santos.

Foto: Iago Viana Souto

Gabriel Araújo

Gabriel Araújo é jornalista, curador e crítico de cinema. É graduado em Comunicação Social com formação complementar em Cinema pela UFMG, universidade onde entrou por meio da política de cotas. É redator e repórter *freelancer* da Folha de S.Paulo. Também é um dos idealizadores da INDETERMINAÇÕES, plataforma de crítica e cinema negro brasileiro, e cofundador e curador do Cineclube Mocambo, iniciativa de exibição de filmes da cinematografia negra do Brasil, de África e da diáspora. Integra o coletivo Zanza, de crítica de cinema, e o coletivo Lena Santos, de jornalistas negras e negros de Minas Gerais. Atua enquanto curador e jurado de diversas mostras e festivais de cinema, e participou de debates e seminários relacionados.

Foto: Leo Fontes/Universo Produção

Vinicius Luiz

Vinicius Luiz é jornalista e produtor de *podcast*. É formado em Comunicação Social pela UFMG, com especialização em Comunicação Pública da Ciência pela mesma instituição. Começou a atuar em projetos de comunicação na adolescência, por meio da ONG Humbiumbi. Tem passagens pela Rádio UFMG Educativa, jornal Hoje em Dia e Núcleo de Assessoria de Imprensa do Centro de Comunicação da UFMG. Atualmente, trabalha com *podcasts*, como cocriador e produtor do Pelo Avesso - sobre fatos pouco explorados na história do país - e colaborador de programas como Faxina Podcast e Rádio Novelo Apresenta.

Foto: Paulo Borges

Este livro foi realizado com recursos da Lei Municipal
de Incentivo à Cultura de Belo Horizonte.
Projeto: 0451/2021 .